La revolución norteamericana

breve historia universal

La revolución norteamericana

GORDON S. WOOD

Traducción de Isabel Merino

MONDADORI

Título original: *The American Revolution*
© 2002, Gordon S. Wood
Publicado por acuerdo con Weidenfeld & Nicolson
© 2003 de la edición en castellano para todo el mundo:
  Grupo Editorial Random House Mondadori, S. L.
  Travessera de Gràcia, 47-49. 08021 Barcelona
© 2003, Isabel Merino, por la traducción
Primera edición: abril de 2003
ISBN: 84-397-0976-5
Depósito legal: B. 11.989 - 2003
Compuesto en Fotocomposición 2000, S. A.
Impreso en Litografía Rosés, S. A., Progrès, 54-60. Gavà (Barcelona)
Impreso en España – Printed in Spain

GM 09765

Agradecimientos

Le doy las gracias a Scott Moyers, de Random House, y a mi esposa Louise y a mi hija Amy por su experta ayuda en la redacción de este libro. Mi gratitud también a Houghton Mifflin por su autorización para usar partes de mi sección de *The Great Republic*, de Bernard Bailyn y otros.

Índice

Cronología 13

Mapas 17

Prefacio 21

1. Orígenes 25
   Crecimiento y movimiento de la población . 27
   Expansión económica 37
   Reforma del Imperio británico 44
2. La resistencia norteamericana 55
   Reacción británica 59
   Ahondamiento de la crisis 62
   Debate imperial 71
3. La revolución 79
   Aproximación a la independencia 79
   Declaración de independencia 86
   Asilo de la libertad 93
4. La gestación de la Constitución y la guerra 101
   Constituciones de los estados 101
   Artículos de la Confederación 108
   La guerra de la Independencia 114
5. El republicanismo 133
   Necesidad de la virtud 133
   La gloria ascendente de Norteamérica 139
   Igualdad 144
   Un nuevo orden mundial 153

6. La sociedad republicana 157
    Efectos de la guerra 157
    Efectos de la revolución 162
    Reformas republicanas 169
    Contra la esclavitud 174
    La religión republicana 178
7. La Constitución federal 189
    El período crítico 190
    La Convención de Filadelfia 205
    Debate entre federalistas y antifederalistas ... 214

NOTA BIBLIOGRÁFICA 227

ÍNDICE ALFABÉTICO 241

Mapas

Poblamiento de las colonias hacia 1760   17
Campañas septentrionales, 1775-1776   18
Campañas septentrionales, 1777   19
Yorktown y las campañas meridionales, 1778-1781   20

Cronología

1763

10 de febrero	La guerra francesa e india termina con la Paz de París.
7 de octubre	La Proclamación de 1763 prohíbe toda migración hacia el oeste en las colonias.
Mayo-noviembre	El jefe Pontiac encabeza una rebelión india en el valle del Ohio.

1764

5 y 9 de abril	El Parlamento aprueba las leyes del Azúcar y de la Moneda.

1765

22 de marzo	El Parlamento aprueba la ley del Timbre.
15 de mayo	El Parlamento aprueba la ley de Acuartelamiento de 1765.
7 de octubre	Se reúne el Congreso de la ley del Timbre.

1766

18 de marzo	El Parlamento revoca la ley del Timbre y aprueba la ley Declaratoria.

1767

29 de junio	El Parlamento aprueba las leyes Townshend.
5 de noviembre	Se empiezan a publicar las *Letters from a Farmer in Pennsylvania*, de John Dickinson.

1768

11 de febrero	Samuel Adams redacta la «carta circular» de Massachusetts.
8 de junio	Envío de tropas británicas a Boston.

1770

5 de marzo	Matanza de Boston.
12 de abril	Se revocan los aranceles Townshend, salvo el que grava el té.

1772

9 de junio	El buque británico *Gaspée* es incendiado frente a Rhode Island.
2 de noviembre	Los bostonianos publican *The Votes and Proceedings* enumerando las violaciones británicas de los derechos norteamericanos.

1773

6 de enero	El gobernador Hutchinson de Massachusetts defiende la supremacía del Parlamento ante la asamblea legislativa.
10 de mayo	El Parlamento aprueba la ley del Té.
16 de diciembre	Motín del té en Boston.

1774

31 de marzo-22 de junio	El Parlamento aprueba las leyes Coercitivas y la ley de Quebec.
5 de septiembre-26 de octubre	Se reúne en Filadelfia el Primer Congreso Continental.

1775

18 de abril	Cabalgada de Paul Revere.
19 de abril	Batallas de Lexington y Concord.
10 de mayo	Las fuerzas norteamericanas toman el fuerte Ticonderoga sobre el lago Champlain. Se reúne el Segundo Congreso Continental.
15 de junio	George Washington es nombrado comandante del Ejército Continental.
17 de junio	Batalla de Bunker Hill.
23 de agosto	El rey Jorge III declara a las colonias en abierta rebelión.
31 de diciembre	Los colonos son derrotados en Quebec.

1776

10 de enero	Thomas Paine publica *El sentido común*.
17 de marzo	Las tropas británicas se retiran de Boston.
4 de julio	El Congreso Continental aprueba la Declaración de Independencia.
27 de agosto	Batalla de Long Island en Nueva York. Los británicos toman la ciudad de Nueva York.
25-26 de diciembre	Washington cruza el río Delaware. Batalla de Trenton.

1777

3 de enero	Batalla de Princeton.
11 de septiembre	Batalla de Brandywine.
4 de octubre	Washington es derrotado en Germantown; su ejército se retira al valle del Forge para pasar el invierno.
17 de octubre	El general británico Burgoyne se rinde en Saratoga.
15 de noviembre	El Congreso aprueba los Artículos de la Confederación, que son enviados a los estados para su ratificación.

1778

6 de febrero	Francia y Estados Unidos forman una alianza.

1780

12 de mayo	Los británicos toman Charleston, en Carolina del Sur.
25 de septiembre	Benedict Arnold huye al bando británico después de haber espiado para ellos durante más de un año.
7 de octubre	Las tropas del general Cornwallis son obligadas a retirarse de Carolina del Norte.

1781

17 de enero	Batalla de Cowpens, en Carolina del Sur.
1 de marzo	Se ratifican los Artículos de la Confederación.

15 de marzo	Batalla de Guilford Courthouse, en Carolina del Norte.
19 de octubre	Cornwallis se rinde a Washington en Yorktown, Pensilvania.

1783

3 de septiembre	Se firma el Tratado de Paz entre norteamericanos y británicos.

1786

Agosto	Rebelión de Shays en la parte occidental de Massachusetts.
11 de septiembre	Convención de Annapolis.

1787

25 de mayo	Se abre la Convención Constitucional en Filadelfia.
13 de julio	El Congreso promulga la Ordenanza del Noroeste.
17 de septiembre	La Convención Constitucional aprueba la nueva redacción de la Constitución y la envía al Congreso.
27 de octubre	Aparece el primero de los *Federalist Papers* de Hamilton, Madison y Jay.

1788

Enero–agosto	Ratificación de la Constitución de Estados Unidos por todos los estados, excepto Rhode Island y Carolina del Norte.

1789

4 de marzo	Se reúne en Nueva York el primer Congreso de Estados Unidos bajo la Constitución.
30 de abril	George Washington es investido presidente de Estados Unidos.

1791

15 de diciembre	Se aprueban las diez primeras enmiendas (llamadas *Bill of Rights*) a la Constitución.

Poblamiento de las
colonias hacia 1760

0 ▬▬▬▬ 200
Kilómetros

Ocupación del
territorio, 1760

CREEK Principales tribus indias

•••••••• Línea de Proclamación,
1763

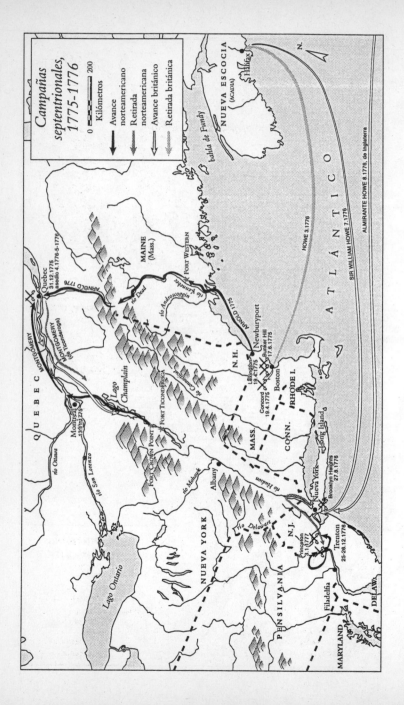

Campañas septentrionales, 1775-1776

0   200
Kilómetros

→ Avance norteamericano
→ Retirada norteamericana
⇒ Avance británico
⇒ Retirada británica

NUEVA ESCOCIA (ACADIA)

Halifax

bahía de Fundy

ATLÁNTICO

HOWE 3.1776

SIR WILLIAM HOWE 7.1776
ALMIRANTE HOWE 8.1776, de Inglaterra

N.

MAINE (Mass.)

FORT WESTERN

río Kennebec

río Androscoggin

río Dead

ARNOLD 1775

QUEBEC

Quebec 31.12.1776 asedio 4.1776-5.1776
ARNOLD 4.1776-5.1776

MONTGOMERY (de Ticonderoga)

MONTGOMERY

Montreal 13.11.1775

río Ottawa

río San Lorenzo

Lago Champlain

CROWN POINT

FORT TICONDEROGA

río Connecticut

N. H.

Newburyport

Bunker Hill 17.6.1775

Lexington 19.4.1775

Concord 19.4.1775

Boston

RHODE I.

MASS.

CONN.

Long Island

Nueva York

Brooklyn Heights 27.8.1776

Albany

río Mohawk

río Hudson

Lago Ontario

NUEVA YORK

río Delaware

N. J.

Trenton 3.1.1777

Trenton 25-26.12.1776

PENSILVANIA

Filadelfia

MARYLAND

DELAW.

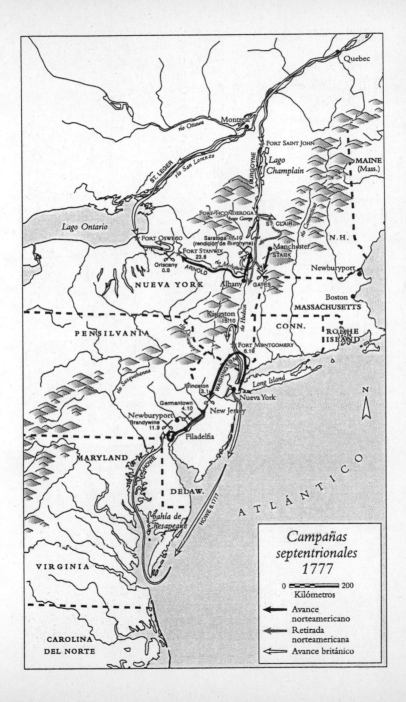

Quebec

rio Ottawa
Montreal

FORT SAINT JOHN

ST. LEGER
rio San Lorenzo

BURGOYNE

Lago
Champlain

MAINE
(Mass.)

FORT TICONDEROGA
Lago George

Lago Ontario

ST. CLAIR

N.H.

FORT OSWEGO

Saratoga 17.10
(rendición de Burgoyne)

FORT STANWIX
23.8

Manchester
STARK

Oriscany
6.8

ARNOLD

rio Mohawk

Newburyport

NUEVA YORK

Albany   GATES

Boston

MASSACHUSETTS

Kingston
15.10

rio Hudson

CONN.

RODHE
ISLAND

PENSILVANIA

rio Susquehanna

FORT MONTGOMERY
6.16

WASHINGTON

Long Island

Princeton
3.1

Nueva York

Germantown
4.10

New Jersey

Newburyport
Brandywine
11.9

Piladelfia

HOWE

MARYLAND

DELAW.

ATLÁNTICO

bahía de
Chesapeake

HOWE 8.1777

N

VIRGINIA

*Campañas
septentrionales
1777*

0   200
Kilómetros

⬅ Avance
    norteamericano

⬅ Retirada
    norteamericana

⬅ Avance británico

CAROLINA
DEL NORTE

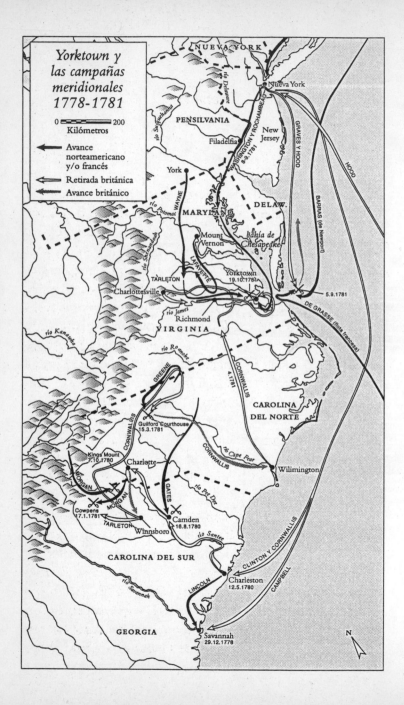

Yorktown y
las campañas
meridionales
1778-1781

0 ▰▰▰▰ 200
Kilómetros

⬅ Avance
norteamericano
y/o francés

⬅ Retirada británica

⬅ Avance británico

NUEVA YORK

río Delaware

Nueva York

PENSILVANIA

Filadelfia

New Jersey

WASHINGTON Y ROCHAMBEAU
8.9.1781

GRAVES Y HOOD

HOOD

BARRAS (de Newport)

York

río Potomac

WAYNE

MARYLAND

DELAW.

Mount Vernon

LAFAYETTE

bahía de Chesapeake

TARLETON

Yorktown
19.10.1781

Charlottesville

5.9.1781

río James

Richmond

VIRGINIA

DE GRASSE (flota francesa)

río Kanawha

río Roanoke

GREENE

CORNWALLIS
4.1781

CAROLINA
DEL NORTE

río Shenandoah

Guilford Courthouse
15.3.1781

CORNWALLIS

CORNWALLIS

río Cape Fear

Kings Mount.
7.10.1780

Charlotte

MORGAN

Wilimington

Cowpens
17.1.1781

MORGAN

GATES

río Pee Dee

TARLETON

Winnsboro

Camden
16.8.1780

río Santee

CAROLINA DEL SUR

CLINTON Y CORNWALLIS

CAMPBELL

río Savannah

LINCOLN

Charleston
12.5.1780

GEORGIA

Savannah
29.12.1778

N

Prefacio

Cuando en mitad de la guerra de Secesión, Abraham Lincoln intentó definir la importancia de Estados Unidos, era natural que volviera la vista hacia la revolución norteamericana. Sabía que la revolución no solo había creado legalmente Estados Unidos, sino que también había forjado todas las grandes esperanzas y valores de los norteamericanos. Sus ideales y aspiraciones más nobles —su compromiso con la libertad, la defensa de la Constitución, el bienestar de la gente corriente y la igualdad, sobre todo la igualdad— nacieron en la época de la lucha por la independencia. Pero Lincoln vio, asimismo, que esa lucha había convencido a los norteamericanos de que eran un pueblo especial, con un destino especial: conducir al mundo hacia la libertad. En resumen, la revolución engendró todo lo que los norteamericanos piensan y sienten acerca de la nacionalidad y lo nacional.

Es inevitable que un acontecimiento de tanta trascendencia haya atraído a varias generaciones de intérpretes de la historia. Al principio, los norteamericanos veían su revolución como una heroica lucha moral por la libertad y contra los males de la tiranía británica, y a quienes participaban en ella como héroes o malvados que superaban lo imaginable. Luego y durante buena parte del siglo XIX, en gran medida debido al trabajo de George Bancroft, la revolución perdió parte de su carácter señaladamente individual y se convirtió en el cumplimiento providencial del destino democrático del pueblo norteamericano, algo latente desde el principio mismo de los asentamientos coloniales en el siglo XVII. Al igual que la nación que produjo, fue algo excepcional. A diferencia de la Revolución francesa, que fue causada por una tiranía real, la norteamericana se abordaba como un asunto peculiarmente intelectual y conservador, como algo provocado no por una opresión real, sino por la anticipación a esa opresión, por la lógica y la lealtad a principios como «ninguna contribución sin representación».

Solo con la llegada del siglo XX y el nacimiento de la historiografía profesional, la revolución se convirtió en algo más que una rebelión colonial y en algo diferente a un acontecimiento intelectual conservador. Como dijo Carl Becker, uno de los principales historiadores de aquel tiempo, la revolución no solo se proponía conseguir un gobierno propio, también se trataba de decidir en manos de quién iba a estar ese gobierno. Y ahora se percibía como algo completamente al margen de disputas ideológicas. Este menosprecio de las ideas y la insistencia en el conflicto entre clases y facciones dominaron la historiografía durante la primera mitad del siglo XX. Luego, hacia la mitad del siglo, una nueva generación de historiadores descubrió el carácter constitucional y conservador de la revolución y llevó su interpretación intelectual hasta nuevas cotas de complejidad.

Aunque los historiadores norteamericanos han disentido entre ellos a lo largo de estos dos siglos de interpretaciones cambiantes, raramente o nunca han puesto en duda el valor de la revolución. No obstante, en la actualidad, esa revolución, al igual que la nación que creó, está sometida a fuertes críticas. Es más, se ha puesto de moda negar que de ella saliera algo fundamentalmente positivo. Algunos historiadores de hoy son más propensos, por el contrario, a destacar sus fracasos. Como un joven historiador decía recientemente, la revolución «no logró liberar a los esclavos, no logró ofrecer la plena igualdad política a las mujeres, [...] no logró conceder la ciudadanía a los indios [y] no logró crear un mundo económico en el cual todos pudieran competir en igualdad de condiciones». Esas afirmaciones tan anacrónicas marcan un umbral de éxito que ninguna revolución del siglo XVIII podría haber alcanzado en modo alguno y quizá nos dicen más sobre las actitudes políticas de los historiadores que las hacen que sobre la revolución norteamericana.

La historia de esa revolución, al igual que la historia de la nación en su conjunto, no debería verse como un relato de lo justo y lo injusto, del bien y del mal, del cual debemos extraer lecciones morales. No hay duda de que la historia de la revolución es espectacular. Que trece insignificantes colonias británicas, apiñadas a lo largo de una estrecha franja de la costa atlántica, a casi cinco mil kilómetros de los centros de la civilización occidental, se conviertan en menos de tres décadas en una enorme y desbordante república de casi cuatro millones de ciudadanos ávidos de dinero, con mentalidad expansiva y evangélica es, como mínimo, una historia espectacular. Pero la revolución, al igual que toda la historia norteamericana, no es solo una alegoría de las virtudes morales; es una historia complicada y en ocasiones irónica que es necesario explicar y comprender, no celebrar ni condenar. Cómo estalló la rebelión, cuál fue su carácter y cuáles sus consecuencias, no si fue buena o mala, son las cuestiones a las que esta breve historia tratará de responder.

1

Orígenes

Los orígenes de la revolución yacen en lo más profundo del pasado de Norteamérica. Un siglo y medio de acontecimientos dinámicos en las colonias continentales británicas del Nuevo Mundo había transformado de forma drástica las instituciones heredadas de Europa y sus modos de vida habituales y había hecho que muchos colonos creyeran que se estaban desviando gravemente de las cultivadas normas propias de la vida europea. En comparación con la próspera, poderosa y metropolitana Inglaterra a mediados del siglo XVIII, Norteamérica parecía un lugar primitivo, atrasado, desordenado y turbulento, sin una auténtica aristocracia, sin unas cortes magníficas ni grandes centros urbanos; en realidad, sin ninguno de los atributos del mundo civilizado. En consecuencia, los colonos se sentían obligados a disculparse repetidamente por la crudeza de su sociedad, la insignificancia de su arte y literatura y la trivialidad de sus asuntos.

De súbito, en la década de los sesenta, Gran Bretaña impuso su poder imperial a este mundo cambiante con un rigor que no se había hecho sentir en un siglo y precipitó la crisis dentro de un imperio organizado con escasa cohesión. La resistencia norteamericana se convirtió en rebelión, pero cuando los colonos trataron de comprender las peculiaridades de su sociedad, esta rebelión se transformó en la justificación e idealización de la vida norteamericana tal como se había ido desarrollando, gradualmente y sin que nadie se lo propusiera, a lo largo del siglo y medio anterior. En lugar de habitar el páramo de la historia, de pronto los norteamericanos se vieron como una nueva sociedad, inmejorablemente equipada para un futuro republicano. En este sentido, como dijo más tarde John Adams, «La revolución se hizo antes de que empezara la guerra». Fue un cambio «en las mentes y los corazones del pueblo».

Pero este cambio no fue toda la revolución. La revolución no fue simplemente el refrendo intelectual de una realidad social ya existente; fue también una parte integrante del gran proceso transformador que llevó a Norteamérica a constituir la primera sociedad democrática y liberal del mundo moderno. Aunque en 1760 la Norteamérica colonial era ya un lugar muy diferente a Europa, seguía conservando, junto con las pelucas empolvadas y las calzas, muchas costumbres tradicionales de la cultura monárquica y de las relaciones sociales de dependencia. La revolución hizo añicos lo que quedaba de esos modelos tradicionales de vida y preparó el camino para el mundo más ágil, cambiante e individualista que llegó a continuación.

Los cambios fueron extraordinarios y dieron al pueblo norteamericano la visión de futuro más grandiosa que ningún pueblo haya tenido nunca. Los norteamericanos vieron a su nación no solo liderando una revolución mundial en nombre del republicanismo y la libertad, sino además convirtiéndose en el lugar donde florecería lo mejor de todas las artes y las ciencias. Lo que empezó como una rebelión colonial en los confines mismos del mundo civilizado, se transformó en un acontecimiento que sacudió la tierra; un suceso que prometía, como dijo un clérigo, crear a partir del «mundo que perecía [...] un Nuevo Mundo, un mundo joven, un mundo de incontables millones, todos en la hermosa flor de la piedad».

Crecimiento y movimiento de la población

En 1763, Gran Bretaña se extendía por todo el mundo con el más grande y rico imperio desde la caída de Roma. Desde la India hasta el río Mississippi, sus ejércitos y armadas habían resultado victoriosos. La Paz de París, que terminó con la guerra de los Siete Años —o guerra Francesa e India, como la llamaban los norteamericanos—, dio a Gran Bretaña el dominio incontestable de la mitad oriental de América del Norte. De las potencias derrotadas —Francia y España— Gran Bretaña adquirió enormes pedazos de territorio en el Nuevo Mundo: la totalidad de Canadá, el este y el oeste de Florida y cientos y cientos de fértiles hectáreas entre los montes Apalaches y el río Mississippi. Francia cedió a España el territorio de Luisiana en compensación por la pérdida de Florida y, así, el más temido de los enemigos de Gran Bretaña se retiró por completo del continente norteamericano.

Sin embargo, en el momento mismo de la supremacía británica había poderosas fuerzas en marcha que, pronto, casi de la noche a la mañana, lo cambiarían todo. Tras la guerra de los Siete Años, los funcionarios británicos se encontraron con que tenían que tomar unas decisiones, largo tiempo pospuestas, que concernían a las colonias y que pondrían en marcha una cadena de acontecimientos que acabaría finalmente por destruir el Imperio.

Desde la formación del Imperio británico, a finales del siglo xvii, los funcionarios y burócratas reales estaban interesados en reformar la destartalada estructura imperial y en ampliar la autoridad real sobre los colonos norteamericanos. Pero la mayoría de sus planes se habían visto bloqueados por unos gabinetes más preocupados por su influencia en la política inglesa que por las reformas coloniales. Bajo tales circunstancias, se había permitido que el Imperio creciera caprichosamente, sin apenas control desde Londres. Se había permitido que personas procedentes de muchos lugares diferentes de Europa se asentaran en las colonias y se habían repartido tierras a manos llenas.

Aunque pocos funcionarios imperiales habían dudado nunca de que las colonias eran inferiores a la madre patria y dependían de ella, en realidad el Imperio no funcionaba de esa manera. La relación que había ido surgiendo reflejaba la naturaleza irracional e incompetente del sistema imperial: la diversidad de organismos, la difusión del poder y la falta de rigor de la organización. Incluso en la regulación del comercio, el principal negocio del Imperio, la ineficacia, las lagunas y las numerosas oportunidades existentes para la corrupción impedían que las autoridades imperiales interfirieran de forma sustantiva en la búsqueda, por parte de los colonos, de sus propios intereses sociales y económicos.

No obstante, hacia la mitad del siglo xviii, las nuevas circunstancias empezaron a forzar cambios en esta relación, que aunque carecía de lógica, funcionaba. Las colonias británicas —en 1760 había veintidós en el hemisferio occidental— estaban adquiriendo demasiada importancia para tratarlas con tanta indiferencia como la madre patria las había tratado durante la primera mitad del siglo. Los fenómenos dinámicos que se producían en todo el amplio mundo británico exigían que Inglaterra prestara más atención a sus colonias norteamericanas.

De esos fenómenos el más fundamental era el crecimiento y movimiento de la población. Hacia mediados del siglo XVIII, el número de habitantes en todo el mundo de habla inglesa —en Gran Bretaña y en las colonias por igual— empezó a crecer a una velocidad sin precedentes. Durante la década de los cuarenta, la población de Inglaterra, que apenas había aumentado durante medio siglo, empezó a hacerlo súbitamente. Las poblaciones de Irlanda y Escocia ya habían ido creciendo de forma continuada desde principios del siglo. La población de las colonias norteamericanas lo hacía todavía más rápido, casi hasta el punto de convertirse en una explosión demográfica, y llevaba haciéndolo casi desde el principio de los asentamientos. En realidad, los colonos norteamericanos continuaron multiplicándose mucho más rápidamente que cualquier otra población del mundo occidental. Entre 1750 y 1770 doblaron su número, pasando de un millón a más de dos millones, y se convirtieron así en una parte aún más importante del mundo británico. En 1700, la población norteamericana solo representaba una veinteava parte del conjunto de las poblaciones británica e irlandesa; en 1770, era de casi una quinta parte y algunos colonos con visión de futuro, como Benjamin Franklin, predecían que tarde o temprano el centro del Imperio británico se desplazaría a Norteamérica.

Por todas partes, la población británica en expansión estaba en movimiento, trasladándose de un pueblo a otro y de un continente a otro. En Gran Bretaña, en unas cuantas décadas, un número creciente de emigrantes creaba las nuevas ciudades industriales de Birmingham, Manchester y Leeds y convertía a Londres en el mayor centro urbano del mundo occidental. Una corriente incesante cruzaba el Atlántico desde las islas Británicas hasta el Nuevo Mundo. La emigración de protestantes irlandeses y escoceses, que se había iniciado a principios de siglo, aumentó después de la guerra de los Siete Años, librada en los años cincuenta. Entre 1764 y 1776, alrededor de ciento veinticinco mil personas abandonaron las islas Británicas para dirigirse a las colonias norteamericanas. Desde las ciudades portuarias, especialmente Filadelfia, los inmigrantes británicos y los alemanes del valle del Rin se unían a un número creciente de colonos para diseminarse por medio subcontinente siguiendo diversas rutas.

Durante casi un siglo y medio, los colonos habían permanecido confinados en una franja de varios cientos de kilómetros a lo largo de la costa atlántica. Pero en las décadas de mediados del siglo XVIII la presión de una población cada vez más densa empezaba a dejarse sentir. El suelo del este, cultivado en exceso, se estaba agotando. En particular en la zona de Chesapeake el número de habitantes crecía de forma visible. Las ciudades más antiguas parecían superpobladas, especialmente en Nueva Inglaterra, y los hombres que alcanzaban la mayoría de edad ya no podían contar con obtener tierras igual que habían hecho sus padres. En todas las colonias cada vez había más gente que se trasladaba; muchos acababan en las pequeñas ciudades coloniales, que estaban mal preparadas para acogerlos. Hacia 1772, en Filadelfia, el porcentaje de pobres era ocho veces mayor que veinte años antes y se construían casas de beneficencia que se llenaban como nunca antes. No obstante, la mayoría de estos pobres vagabundos veían las ciudades solo como paradas obligadas en su incesante búsqueda de tierras en las cuales poder recobrar la estabilidad que un día perdieron.

Con la derrota de los franceses, la gente se dispersó en todas direcciones, ansiosa por aprovechar las tierras del interior recién adquiridas. En 1759, especuladores y colonos penetraron en la zona alrededor del lago Champlain, se dirigieron hacia el oeste a lo largo del río Mohawk y llegaron hasta Nueva York. Entre 1749 y 1771, la población de Nueva York pasó de 73.348 a 168.007 habitantes. Decenas de miles de colonos y nuevos inmigrantes se abrieron paso hacia la Pensilvania occidental y, en dirección sur, a las Carolinas siguiendo rutas a ambos lados de la Blue Ridge, en Virginia. A lo largo de esos caminos, brotaba rápidamente una población detrás de otra —desde York, en Pensilvania, hasta Camden, en Carolina del Sur— para atender a los viajeros y proveer de productos a mercados distantes. El crecimiento de los asentamientos fue extraordinario. En Pensilvania, se crearon veintinueve poblaciones nuevas entre 1756 y 1765, más en esos pocos años que en toda la historia anterior de la colonia. Carolina del Norte multiplicó su población por seis entre 1750 y 1775 y se convirtió en la cuarta colonia más poblada.

Por toda la Norteamérica británica aparecían nuevas fronteras. A principios de los años sesenta, cazadores y exploradores como Daniel Boone empezaron a abrir caminos hacia el oeste cruzando los Apalaches. Pronto los siguieron los colonos. Algunos se desplazaron hacia el sur, hasta el valle del río Holston y las cabeceras de los ríos Cumberland y Tennessee y otros se desplegaron hacia el noroeste, hasta el valle de Ohio y la cuenca de Kentucky. Otros siguieron aguas abajo de los ríos Ohio y Mississippi hasta unirse a otros emigrantes de las colonias del sur en la nueva provincia de Florida occidental, completando así un enorme cerco del nuevo territorio occidental.

Durante la década y media anterior a la independencia, Nueva Inglaterra vibraba de movimiento. Hacia principios de los años sesenta, el número de transeúntes que se desplazaban de una ciudad a otra por toda la región se multiplicó de forma espectacular; en algunos condados se doblaron o triplicaron las cifras de la década anterior. Muchos granjeros dejaron de buscar su oportunidad dentro de las comunidades ya establecidas y se pusieron en marcha hacia lugares lejanos, en los confines mismos del imperio ampliado. Los colonos de Massachusetts y Connecticut se dirigieron no solo hacia el norte de Nueva Inglaterra y Nueva Escocia, sino hacia zonas tan alejadas como el río Susquehanna, en Pensilvania, y el bajo Mississippi. El mayor incremento de la población de Florida occidental se debió al asentamiento de cuatrocientas familias procedentes de Connecticut en 1773-1774. Entre 1760 y 1776 unas veinte mil personas del sur de Nueva Inglaterra subieron por el río Connecticut y penetraron en New Hampshire y en lo que más tarde sería Vermont. Durante el mismo período, emigrantes de Massachusetts entraron a torrentes en Maine y fundaron noventa y cuatro ciudades. Entre 1760 y 1776, en la parte norte de Nueva Inglaterra se fundaron un total de doscientas sesenta y cuatro nuevas ciudades.

A las autoridades británicas y coloniales les resultaba difícil comprender el sentido de esta enorme explosión de personas en busca de tierras. Los colonos, observó un estupefacto funcionario, se desplazaban «como les incita a hacerlo su avidez e inquietud. No adquieren apego a ningún lugar; errar de un lado para otro parece estar grabado en su naturaleza; y es una debilidad propia de ella que siempre imaginen que las tierras que hay más allá son todavía mejores que aquellas en las que ya se han afincado». La fiebre de la tierra contagió todos los estratos de la sociedad. Mientras que Ezra Stiles, ministro de la iglesia en Newport, Rhode Island, y más tarde rector de la Universidad de Yale, compraba y vendía pequeños terrenos por toda Nueva Inglaterra, en Pensilvania y Nueva York figuras más influyentes, como Benjamin Franklin, estaban urdiendo planes especuladores de gran envergadura para las vastas tierras sin colonizar del Oeste.

Todo este movimiento tuvo efectos de largo alcance en la sociedad norteamericana y en su lugar dentro del Imperio británico. Aumentó la fragmentación de los hogares, iglesias y comunidades, y los gobiernos coloniales perdieron el control de los nuevos asentamientos, que se multiplicaban como hongos. En el campo reinaba la ilegalidad y el vagabundeo y las disputas por derechos de tierras y límites coloniales aumentaron rápidamente. Pero el efecto más inmediato de esta rápida propagación de gente —y el efecto más evidente para los funcionarios imperiales hacia mediados del siglo— fue la presión que las migraciones ejercían sobre los pueblos indígenas.

Al principio de la guerra de los Siete Años, los problemas con los agitados y furiosos indígenas americanos del Oeste obligaron al gobierno británico a retirar a las colonias, por vez primera, el control de los asuntos indios y asumirlo directamente. Dos oficiales británicos, uno para las regiones del norte y otro para las del sur, tenían entonces la tarea de pacificar a las tribus indias, a quienes uno de los superintendentes describió como «el más formidable de todos los pueblos no civilizados del mundo».

Aunque la invasión europea del Nuevo Mundo había reducido de forma drástica el número de pueblos nativos, principalmente debido a la propagación de enfermedades, todavía había unos ciento cincuenta mil indios en la zona al este del Mississippi. En Nueva Inglaterra había pocos indios hostiles, pero en Nueva York había dos mil guerreros, en su mayoría fieros senecas, remanente de las otrora formidables Seis Naciones de los Iroqueses. En los valles del Susquehanna y el Ohio vivían una serie de tribus, en su mayoría delawares, shawnees, mingos y hurones, que reunían unos doce mil combatientes. En los territorios del sur la presencia india era incluso más imponente. Desde las Carolinas hasta el río Yazoo, había unos catorce mil guerreros, principalmente cherokees, creeks, chocktaws y chickasaws. Aunque las divisiones entre estos pueblos nativos eran frecuentes y hondas y cada uno había alcanzado diferentes grados de acomodo con los colonos europeos, la mayoría estaban decididos a resistirse a que los blancos siguieran invadiendo sus tierras.

Una vez que la autoridad francesa quedó eliminada de Canadá y la española de Florida, los nativos norteamericanos ya no pudieron enfrentar a una potencia europea contra otra. Gran Bretaña tenía la responsabilidad exclusiva de regular el provechoso comercio de pieles y mantener la paz entre blancos e indios. Los problemas eran muy graves. No solo había muchos blancos dispuestos a utilizar el brandy y el ron para lograr sus fines, sino que tenían intereses opuestos. Algunos favorecían la regulación del comercio de pieles y otros no. Pero todos favorecían el establecimiento, en el oeste, de reservas indias que a los colonos no se les permitiría invadir y recurrían al apoyo de los grupos humanitarios a quienes preocupaba la suerte de los indios. No obstante, los que especulaban con la tierra querían desplazar a los indios más hacia el oeste y abrir más territorios para los colonos blancos. Confundidos, engañados y desposeídos con trampas de sus tierras y sus pieles por unos traficantes blancos codiciosos y unos emigrantes hambrientos de tierras, los indios respondieron con atrocidades y ataques. Algunas tribus trataron de formar coaliciones y librar una guerra abierta.

Por todo ello, el final de la guerra de los Siete Años no acabó con la violencia en la frontera. Desde la devastadora guerra cherokee de 1759-1761 en Carolina del Sur hasta el ataque lanzado por lord Dunmore, gobernador real de Virginia, contra los shawnees en 1774, los funcionarios británicos tuvieron que utilizar repetidamente las tropas reales para sofocar las revueltas indias. La mayor rebelión india del período se produjo en 1763, después de que los británicos asumieran el mando de los fuertes del oeste antes en manos de los franceses. En solo unas pocas semanas, los indios de varias tribus que se habían unido bajo el liderazgo de un jefe de Ottawa, llamado Pontiac, tomaron por sorpresa y destruyeron los puestos británicos al oeste de los Apalaches; solo quedaron tres sin arrasar. Antes de ser rechazados por las tropas británicas, los furiosos guerreros marcharon hacia el este penetrando en Pensilvania, Maryland y Virginia y matando a más de dos mil colonos. No es de extrañar que, en los años sesenta, muchas autoridades reales llegaran a la conclusión de que solo con la presencia de tropas regulares en las tierras fronterizas del imperio en Norteamérica sería posible mantener la paz.

El rápido crecimiento y diseminación de la población a mediados del siglo XVIII afectó a otros aspectos, además de a las relaciones entre blancos e indios. Miles de emigrantes inundaron el interior, lejos del alcance de los gobiernos coloniales del este. Estos colonos estaban tan lejos de la autoridad legal que, a veces, eran grupos de vigilantes quienes tenían que imponer el orden. En la década de los sesenta, los habitantes de Carolina del Sur organizaron grupos de vigilantes *regulators* para eliminar las bandas de itinerantes ladrones, pero con frecuencia, estas partidas que operaban al margen de la ley acababan también ellas en el bandolerismo. A veces, los hombres de la frontera de esas regiones al oeste de los Apalaches se unían para establecer acuerdos de gobierno para sus salvajes sociedades, que a menudo no eran más que «puestos», unos primitivos fuertes protegidos por empalizadas y rodeados de barracones.

Por todas partes, la súbita afluencia de población debilitaba la legitimidad de la autoridad existente. En los años sesenta, en las zonas del interior de Pensilvania y Carolina del Norte, que crecían rápidamente, los colonos se levantaron en armas contra lo que entendían como explotación por parte de unos remotos gobiernos en el este. En la parte occidental de Pensilvania, los colonos escoceses e irlandeses dirigidos por los *paxton boys* se rebelaron contra la asamblea de Pensilvania, dominada por los cuáqueros y pacifistas, en la cual estaban fuertemente subrepresentados. En 1763-1764 mataron a indios que estaban bajo la protección del gobierno y luego marcharon sobre Filadelfia. Los rebeldes solo se retiraron después de la mediación de Benjamin Franklin y la promesa de una mayor voz en la asamblea colonial controlada por el este. En Carolina del Norte la zona interior no solo estaba poco representada en la asamblea legislativa provincial, sino que los tribunales de los condados estaban en manos de funcionarios y abogados corruptos y oportunistas procedentes de la zona este de la colonia. En 1767, un grupo de vigilantes del Oeste, adoptando el conocido título de *regulators*, estalló violentamente. Se hicieron con el control de los tribunales del condado y elevaron una petición al gobierno de Carolina del Norte para exigir mayor representación, la reducción de los impuestos y el control local de sus asuntos. Dos mil de estos *regulators* fueron dispersados en 1771 por el gobernador de Carolina del Norte y su fuerza de la milicia oriental en la llamada batalla de Alamance. Pero a los funcionarios reales no les resultaba tan fácil disipar los temores, profundamente arraigados entre muchos norteamericanos, a los peligros de una representación no equitativa y de un poder político distante. En realidad, estos habitantes del Oeste solo estaban expresando hacia sus propios gobiernos coloniales las mismas actitudes que los norteamericanos en general mostraban hacia el poder británico.

Expansión económica

Todas estas consecuencias, derivadas del número cada vez mayor de habitantes de Norteamérica, tenían que despertar forzosamente el interés de Gran Bretaña en sus colonias. Pero no era la presión de la población lo único que estaba cambiando la actitud británica hacia las colonias y transformando la sociedad norteamericana. Igualmente importante era la extraordinaria expansión de la economía angloamericana que tenía lugar a mediados del siglo XVIII.

Hacia 1750, eran ya visibles en Gran Bretaña los rasgos inmediatos de lo que pronto se convertiría en la revolución industrial. Las importaciones, exportaciones y producción industrial de diversos tipos –todos indicadores importantes del crecimiento económico– experimentaban un rápido aumento. Los norteamericanos estaban profundamente implicados en esta súbita expansión económica británica y hacia 1760 prosperaban como nunca antes.

A partir de 1745 el comercio colonial con Gran Bretaña creció de forma espectacular y se convirtió en un segmento cada vez mayor de la economía inglesa y escocesa. Casi la mitad de los barcos ingleses estaban dedicados al comercio con Norteamérica. La Norteamérica continental absorbía el 25 por ciento de las exportaciones inglesas y las relaciones comerciales escocesas con las colonias aumentaban aún más rápidamente. Desde 1747 a 1765, el valor de las exportaciones coloniales a Gran Bretaña se dobló, pasando desde 700.000 a 1.500.000 libras esterlinas, mientras el valor de las importaciones se elevaba aún más rápidamente, pasando de 900.000 a más de 2.000.000 de libras. Por vez primera en el siglo, la producción propia de alimentos de Gran Bretaña no llegaba a satisfacer las necesidades de su población, cada vez más numerosa. En 1760, Gran Bretaña importaba más grano del que exportaba. Esta creciente demanda de productos alimentarios —no solo en Gran Bretaña, sino también en el sur de Europa y en las Antillas— significaba unos precios al alza para las exportaciones norteamericanas. Entre los años cuarenta y los sesenta, el precio de los productos norteamericanos exportados al Caribe creció en unos porcentajes altísimos. Al ver la demanda y el aumento de precios para las exportaciones, cada vez hubo más agricultores que empezaron a producir alimentos y otros productos para mercados distantes. Hacia los años sesenta, remotos centros comerciales del interior, como Staunton, Virginia y Salisbury, en Carolina del Norte, enviaban grandes cantidades de tabaco y grano hacia el este y el mar a lo largo de redes de carreteras y ciudades. Ciudades portuarias como Baltimore, Norfolk y Alexandria crecieron casi de la noche a la mañana para controlar ese creciente tráfico.

Los precios elevados para las exportaciones agrícolas significaban mejores niveles de vida para más y más norteamericanos. No eran solo los grandes hacendados del Sur y los comerciantes importantes de las ciudades quienes se enriquecían. En esos días también los norteamericanos corrientes compraban artículos de lujo que, anteriormente, solo adquirían las clases altas adineradas, productos a los que, cada vez más, se daba el nombre de comodidades y que iban desde el tejido de hilo y el encaje irlandeses hasta las vajillas de Wedgwood. En su autobiografía, Benjamin Franklin cuenta que su esposa Deborah lo sorprendió una mañana ofreciéndole una cuchara y una escudilla nuevas para sustituir las que ya tenía, de peltre y barro cocido. Al comprar esos artículos solo porque «pensaba que su esposo merecía una cuchara de plata y una escudilla de porcelana tanto como cualquiera de sus vecinos», estaba elevando la posición de la familia y su nivel de vida. Al mismo tiempo, contribuía a lo que los historiadores han dado en llamar «la revolución del consumo» del siglo XVIII.

Aunque diecinueve de cada veinte norteamericanos seguían trabajando en la agricultura, los crecientes niveles de gusto y consumo atrajeron a más colonos a la fabricación; al principio, sobre todo a la producción de tejidos naturales y zapatos. Los transportes y las comunicaciones mejoraron rápidamente cuando se construyeron carreteras y se fijaron horarios regulares para las diligencias y los paquebotes. En los años cincuenta, la Dirección General de Correos, bajo la dirección de Benjamin Franklin, director general adjunto de Correos en las colonias, instauró el envío semanal de correo entre Filadelfia y Boston y redujo el tiempo de entrega a la mitad, desde seis a tres semanas. Una población en aumento, mejores carreteras, información más fiable sobre los mercados y la mayor variedad de las ciudades estimularon la fabricación en el país para servir mercados regionales e intercoloniales. En 1768 los fabricantes coloniales abastecían a Pensilvania con ocho mil pares de zapatos al año. Varias zonas al este de Massachusetts se dedicaban de forma creciente a la fabricación; en 1767 la ciudad de Haverhill, con menos de trescientos residentes, tenía cuarenta y cuatro talleres y diecinueve fábricas. Para entonces, muchos artesanos coloniales e incipientes fabricantes estaban más que dispuestos a apoyar asociaciones que boicotearan las importaciones inglesas rivales.

Pero la mayoría de colonos seguían prefiriendo los productos británicos. A partir de finales de los años cua-

renta, los norteamericanos importaban de Gran Bretaña
artículos por valor de unas quinientas mil libras más de lo
que exportaban a la madre patria y, por tanto, seguían
aquejados de un déficit comercial con Gran Bretaña. Parte de este déficit en la balanza de pagos de los colonos era
compensado con los beneficios del transporte naval, con
el gasto bélico británico en Norteamérica y con el
aumento de ventas a Europa y las Antillas. Pero también
una gran parte lo era con la extensión a los colonos de
grandes sumas de crédito inglés y escocés. En 1760, las
deudas coloniales a Gran Bretaña ascendían a dos millones
de libras; en 1772 estaban por encima de los cuatro millones. A partir de 1750, una proporción creciente de esta
cantidad era debida por los colonos, que anteriormente se
habían visto excluidos del trato directo con los comerciantes británicos. Un número cada vez mayor de pequeños cultivadores de tabaco en Chesapeake consiguieron el
acceso inmediato al crédito y los mercados británicos a
través de la difusión de los «factores» (tenderos) escoceses
en los territorios interiores de Virginia y Maryland. En
1760, no era inusual encontrarse con hasta ciento cincuenta pequeños comerciantes en un único puerto que
hacían negocios con una compañía mercantil londinense.
    Estas fuerzas demográficas y económicas socavaban la
habitual estructura paternalista de la sociedad colonial.
Para empezar, los lazos de parentesco y patronazgo que,
tradicionalmente, mantenían unida a la gente y que nunca habían sido fuertes en Estados Unidos, en esos días se
habían debilitado más aún. Incluso en Virginia, una de
las colonias más estables, los principales y aristocráticos
propietarios de plantaciones se encontraban con que pequeños agricultores, que ya no dependían tanto de ellos

personalmente para conseguir créditos y mercados, desafiaban su autoridad. Ahora, estos pequeños agricultores forjaban relaciones más impersonales con los nuevos factores escoceses y se volvían mucho más independientes que antes. Expresaban esta independencia implicándose más en la política y promoviendo la disconformidad religiosa. Durante las décadas de mediados del siglo XVIII, no solo aumentó notablemente el número de elecciones impugnadas a la Cámara de *Burgesses* (representantes) de Virginia, sino que, además, la gente corriente de la colonia empezó a abandonar la Iglesia anglicana oficial cada vez en mayor número. Asimismo, se formaban nuevas comunidades religiosas evangélicas que rechazaban el estilo arrogante y el lujo de las clases altas anglicanas dominantes. En pocos años, numerosas oleadas de presbiterianos de la Nueva Luz, baptistas independientes y, finalmente, metodistas cosechaban nuevos conversos entre los agricultores corrientes de la región de Chesapeake. Entre 1769 y 1774 el número de iglesias baptistas de Virginia pasó de siete a cincuenta y cuatro.

Las clases altas de Virginia culpaban del aumento de la disconformidad religiosa a la incompetencia, largo tiempo denunciada, de los clérigos anglicanos. A su vez, estos acusaban a las sacristías legas, que estaban compuestas por miembros de las clases altas anglicanas, de no prestarles apoyo. En 1755 y 1758, en medio de estas acusaciones mutuas, la Cámara virginiana aprobó leyes que fijaban en dos peniques la libra el valor normal del tabaco utilizado para pagar deudas y obligaciones públicas. Dado que los precios del tabaco subían rápidamente, estas llamadas leyes de los Dos Peniques penalizaban a los acreedores y a los funcionarios públicos (clérigos incluidos) a quienes se solía pagar en tabaco. Los comerciantes británicos y los clérigos de la Iglesia anglicana oficial de Virginia protestaron y consiguieron que el Consejo Privado del rey en Inglaterra derogara la ley de 1758 aprobada por la Cámara. En 1763, un joven abogado en alza, Patrick Henry, empezó a hacerse famoso como orador popular muy convincente en una batalla en los tribunales durante un pleito puesto por uno de los clérigos de Virginia para recuperar los ingresos perdidos debido a la entonces ilegal ley de los Dos Peniques. En su defensa de los colonos contra esta «Causa Parson», Henry llegó a afirmar que, por haber vetado la ley, «[El rey] de ser el padre de su pueblo [ha] degenerado en tirano y pierde todo derecho a la obediencia de sus súbditos». Que Henry pudiera ser celebrado por unos comentarios tan histriónicos (y sediciosos) da la medida de lo tenues y quebradizas que habían llegado a ser las relaciones tradicionales. En todos los lugares de las colonias, los nervios estaban tensos y los hombres se apresuraban a culpar a toda autoridad, incluyendo la del rey, que estaba a cinco mil kilómetros de allí, de su situación, que estaba experimentando unos cambios tan rápidos.

Es dudoso que, a mediados del siglo XVIII, hubiera alguien en algún lugar capaz de controlar las poderosas fuerzas sociales y económicas en acción en el mundo anglonorteamericano. Ciertamente, los endebles acuerdos administrativos que gobernaban el Imperio británico no parecían capaces de manejar aquel mundo increíblemente dinámico. No hay duda de que, hacia mediados del siglo, muchos funcionarios británicos se habían dado cuenta de que se necesitaba algún tipo de revisión a fondo de aquel imperio, que cada vez era más importante.

Pero pocos comprendieron la explosiva energía y la susceptible naturaleza de las personas que tenían entre manos. El Imperio británico, como advirtió Benjamin Franklin, se parecía a un frágil jarrón chino que requería un manejo verdaderamente delicado.

Reforma del Imperio británico

Desde 1748 había varias reformas imperiales en el aire. La experiencia reveladora de la lucha en la guerra de los Siete Años, en medio de la evasión y corrupción de las leyes de navegación por parte de los colonos, había provocado que William Pitt y otros funcionarios reales se lanzaran a reformar el sistema imperial de forma enérgica, aunque poco sistemática. Pero esos comienzos podían haber sido eliminados, como otros anteriores, de no ser por los enormes problemas creados por la Paz de París, que acabó con la guerra de los Siete Años en 1763.

El más inmediato de estos problemas era la reorganización del territorio adquirido de Francia y España. Había que formar nuevos gobiernos, regular el comercio indio, resolver las reclamaciones de tierras y, además, algo había que hacer para impedir que los conflictos entre los colonos blancos, codiciosos de tierras, y los nativos furiosos estallaran en una guerra abierta.

Incluso más inquietante era el enorme gasto al que se enfrentaba el gobierno británico. En 1763, las deudas de guerra ascendían a ciento treinta y siete millones de libras; solo los intereses anuales eran de cinco millones de libras, una cifra muy elevada comparada con el presupuesto anual ordinario de tiempos de paz, que era de solo ocho millones de libras. Por añadidura, había pocas perspectivas de que los gastos militares se redujeran. Dado que los nuevos territorios no estaban, prácticamente, habitados por ingleses, el gobierno no podía confiar en su sistema tradicional de defensa y policía locales para mantener el orden. Lord Jeffrey Amherst, comandante en jefe en Norteamérica, calculaba que necesitaría diez mil soldados para salvaguardar la paz con los franceses y los indios y para enfrentarse a los ocupantes ilegales de tierras, a los contrabandistas y a los bandidos. Por todo ello, a principios de los años sesenta, el gobierno británico tomó una decisión crucial, que ninguna administración posterior abandonó en ningún momento; la decisión de mantener un ejército permanente en Norteamérica. Este ejército de tiempos de paz doblaba en número al que existía en las colonias antes de la guerra de los Siete Años y los gastos de mantenerlo superaron rápidamente las trescientas mil libras anuales.

¿De dónde iba a salir el dinero? Las clases altas terratenientes de Inglaterra se sentían acorraladas por los impuestos; en 1763, un nuevo gravamen sobre la sidra inglesa exigió el envío de tropas a los condados cultivadores de manzanas para imponer su cumplimiento. Al mismo tiempo, las tropas británicas que volvían a casa hablaban de la prosperidad de que disfrutaban los norteamericanos al final de la guerra. Bajo esas circunstancias, parecía razonable que el gobierno británico buscara nuevas fuentes de ingresos en las colonias y quisiera lograr que el sistema de navegación fuera más eficiente, mediante la aplicación de medidas que los funcionarios reales llevaban tiempo defendiendo. Medio siglo de lo que Edmund Burke llamaba «descuido saludable» había tocado a su fin.

Era inevitable que el delicado equilibrio de ese tambaleante imperio se trastocara. Pero la llegada al trono en 1760 de un nuevo monarca, el joven e impetuoso Jorge III, empeoró estas cambiantes relaciones anglonorteamericanas. Jorge III solo tenía veintidós años en aquel momento y era desconfiado e inexperto en política. Pero estaba tercamente decidido a gobernar personalmente, de una forma claramente diferente de Jorge I, su bisabuelo, y Jorge II, su abuelo, ambos de la casa de Hannover y nacidos en Alemania. Con el desastroso fracaso del aspirante Estuardo conocido popularmente como *Bonny Prince Charles*, al reclamar el trono inglés en 1745-1746, Jorge, que era el primero de los reyes de la casa de Hannover nacido británico, estaba mucho más seguro de su derecho al trono que sus predecesores. Por ello, se sentía más libre de desechar los consejos de sus ministros del partido liberal, que habían orientado a los dos primeros Jorges, y ejercer su propia soberanía. Influido por su inepto tutor escocés y «queridísimo amigo», lord Bute, se propuso purificar la vida pública inglesa de su corrupción y sus prácticas faccionarias. Quería sustituir las anteriores disputas entre liberales y conservadores y las intrigas partidarias por el deber hacia la Corona y el país. Eran las mejores intenciones, pero tuvieron como resultado las fluctuaciones mayores y más desconcertantes de la política inglesa en medio siglo; todo ello en el mismo momento en que iban a tener lugar las reformas del imperio, tan largamente pospuestas.

Los historiadores ya no pintan a Jorge III como un tirano que buscaba socavar la Constitución inglesa eligiendo a sus ministros contra los deseos del Parlamento. Pero apenas cabe duda de que los hombres de su tiempo pensaban que Jorge III, intencionadamente o no, infringía las convenciones políticas existentes. Cuando nombró a lord Bute, su favorito escocés que contaba con escasa fuerza en el Parlamento, para dirigir su gobierno, excluyendo al hacerlo a ministros liberales como William Pitt y el duque de Newcastle, que sí contaban con apoyo parlamentario, el nuevo rey quizá no actuara de forma inconstitucional, pero no hay duda de que contravenía las costumbres políticas. La marcha de Bute en 1763 hizo poco por calmar los temores de la oposición, que creía que el rey buscaba el consejo de sus favoritos conservadores «entre bastidores» y trataba de imponer sus decisiones a los principales grupos políticos del Parlamento, en lugar de gobernar a través de ellos. Al aplicarse con gran diligencia a cargar con lo que entendía como su responsabilidad constitucional para gobernar a su propia manera, peculiar y obstinada, Jorge III ayudó a aumentar la confusión política de los años sesenta.

La década de ministros de corta vida durante los años sesenta contrastaba fuertemente con los gobiernos liberales largos y estables de la generación anterior. Casi parecía que el porfiado rey no confiaba en nadie que gozara del apoyo del Parlamento. Tras destituir a Pitt y Newcastle y después de que Bute se desvaneciera, en 1763, el rey acudió a George Grenville, protegido de Bute, solo porque no encontró a nadie más aceptable para ser primer ministro. Aunque Grenville fue el responsable de la primera oleada de reformas coloniales, su dimisión en 1765 fue el resultado de una pelea privada con el rey y no tuvo nada que ver con la política colonial. A continuación, se formó un gobierno de liberales, relacionados con el marqués de Rockingham, cuyo portavoz fue el gran orador y pensador político Edmund Burke; pero esta coalición liberal nunca gozó de la confianza del rey y duró apenas un año. En 1766, el rey Jorge llamó por fin al envejecido Pitt, entonces lord Chatham, para que encabezara el gobierno. Pero la enfermedad de Chatham (gota en la cabeza, decían sus críticos) y las desconcertantes prácticas faccionarias del Parlamento de finales de los años sesenta convirtieron su paso por el ministerio en una suerte de despropósitos tal que Chatham apenas consiguió gobernar.

En 1767, nadie parecía estar a cargo de nada. Los ministros entraban y salían de sus cargos, intercambiando puestos y siguiendo sus propias inclinaciones, incluso contra los deseos de sus colegas. En medio de esta confusión, solo Charles Townshend, ministro de Economía, daba cierta orientación a la política colonial, y murió en 1767. En 1770, con el nombramiento de lord North como primer ministro, el rey Jorge encontró por fin a un político en quien confiaba y que además gozaba del respaldo del Parlamento.

Fuera del Parlamento, la gran masa de la nación británica que quedaba excluida de la participación activa en la política se agitaba como nunca antes. No solo Irlanda se impacientaba bajo la sistemática interferencia británica en sus asuntos; también en Gran Bretaña la corrupción política y el fracaso de su Parlamento para ampliar el derecho al voto o la representación a un gran número de sus súbditos creaba un resentimiento generalizado y provocaba muchas llamadas a la reforma. Los disturbios callejeros en Londres y por todas partes en Inglaterra aumentaron de forma espectacular en los años sesenta. En 1763, Jorge III observó que había «insurrecciones y tumultos por todo el país». Hacia finales de la década la situación era peor. Lord North fue atacado cuando se dirigía al Parlamento; su carruaje fue destrozado y él apenas consiguió escapar con vida.

Hacía tiempo que los disturbios eran algo corriente en Inglaterra, pero muchos de los levantamientos populares de los años sesenta eran diferentes de los del pasado. Lejos de quedar limitados a quejas concretas, como el precio elevado del pan, buena parte de las algaradas iban dirigidas contra el conjunto del sistema político. El líder de masas más importante era John Wilkes, uno de los demagogos más pintorescos de la historia inglesa. Wilkes era miembro del Parlamento y periodista de oposición que, en 1763, fue detenido y juzgado por difamación sediciosa contra Jorge III y el gobierno en el número 45 de su periódico, el *North Briton*. Wilkes se convirtió inmediatamente en un héroe popular y el grito «Wilkes y libertad» se extendió a ambos lados del Atlántico. La Cámara de los Comunes ordenó que el número ofensivo del periódico se quemara públicamente y Wilkes huyó a Francia. Volvió en 1768 y fue elegido repetidas veces para la Cámara de los Comunes, pero en cada una de ellas, el Parlamento le negó el escaño. Las masas londinenses, organizadas por acaudalados tenderos y artesanos, encontraron en Wilkes un símbolo de todos sus resentimientos acumulados contra la política oligárquica y corrupta del país. El caso de Wilkes ayudó a aunar los movimientos para la reforma radical que hicieron tambalear los fundamentos de la limitada clase gobernante británica.

Así, en los años sesenta y a principios de los setenta, el gobierno británico se enfrentaba a la necesidad de reorganizar su imperio y conseguir ingresos de sus colonias en el mismo momento en que la situación política en las propias Islas Británicas era más caótica, confusa y estaba más alborotada que nunca desde principios del siglo xviii. No puede sorprender que solo fuera necesario poco más de una década para que toda la tambaleante estructura imperial se viniera abajo.

El gobierno empezó su reforma del nuevo y ampliado imperio dictando la Proclamación de 1763. Esta proclamación de la Corona creaba tres nuevos gobiernos reales –Florida oriental, Florida occidental y Quebec– y ampliaba la provincia de Nueva Escocia. Convertía la vasta zona más allá de los Apalaches en reserva india y prohibía la compra privada de tierras indias. El objetivo era mantener la paz en el oeste y canalizar la migración hacia el norte y el sur, a las nuevas colonias. Se pensaba que allí los colonos estarían más en contacto tanto con la madre patria como con el sistema mercantil y serían más útiles como barrera contra los españoles de Luisiana y los franceses que quedaban en Canadá.

Pero las circunstancias destruyeron esos planes reales. No solo se produjeron desconcertantes cambios de opinión entre los ministros responsables de la nueva política, sino que, además, las noticias de la rebelión india del jefe Pontiac, en el valle del Ohio, en 1763, obligaron al gobierno a acelerar la puesta en marcha de su programa. La línea de demarcación a lo largo de los Apalaches que cerraba el oeste a los colonizadores blancos fue trazada a toda prisa y de forma tosca y, de repente, algunos colonos se encontraron con que estaban viviendo en una reserva india. Los nuevos emplazamientos y reglamentaciones comerciales fueron ampliamente pasados por alto y crearon más caos en el comercio indio del que existía anteriormente. Tan confusa era la situación en el oeste que el gobierno británico no consiguió convencer nunca a los diversos intereses en conflicto de que la proclamación era algo más que «un expediente temporal para aquietar los ánimos de los indios», como dijo George Washington, que tenía intereses especulativos en las tierras occidentales. Docenas de grupos de presión y especuladores de tierras presionaban a los inestables gobiernos británicos para que negociaran una serie de tratados con los indios que desplazaran la línea de colonización hacia el oeste. Pero cada modificación solo sirvió para despertar el apetito de los especuladores, lo cual llevó a algunas de las maquinaciones territoriales más grandiosas de la historia moderna.

Con la ley de Quebec de 1774, el gobierno británico trató finalmente de estabilizar su turbulenta política occidental. Esta ley transfería a la provincia de Quebec las tierras y el control del comercio indio en la enorme zona comprendida entre los ríos Ohio y Mississippi y concedía a los habitantes franceses de Quebec el uso de la ley francesa y la práctica del catolicismo romano. Por inteligente que fuera esta ley hacia los francocanadienses, consiguió enfurecer a todos los grupos de interés norteamericanos, a los especuladores, colonos y comerciantes por igual. Esta alteración arbitraria de los límites provinciales amenazaba la seguridad de todas las fronteras coloniales y asustó a los protestantes norteamericanos al hacerles creer que el gobierno británico estaba tratando de crear una provincia católica hostil en el noroeste.

La nueva política comercial para las colonias era más coherente que la política occidental británica, pero no menos peligrosa a ojos de los norteamericanos. La ley del

Azúcar de 1764 fue claramente una importante sucesora de las grandes leyes de navegación de finales del siglo XVII. La serie de regulaciones que establecía estaban destinadas a hacer más estricto el sistema de navegación y, en particular, a poner freno al contrabando y corrupción de los colonizadores. Se ordenó a los funcionarios de aduanas absentistas que volvieran a sus puestos y se les proporcionó mayor autoridad y protección. Se amplió la jurisdicción de los tribunales del vicealmirantazgo en casos de infracciones aduaneras. Se otorgó más poder a la armada para inspeccionar los buques norteamericanos. Se amplió el uso de los autos de lanzamiento (órdenes de registro). A la anterior lista de productos coloniales «enumerados» que había que exportar directamente a Gran Bretaña, como el tabaco y el azúcar, se añadieron las pieles, el hierro, la madera y otros. Finalmente, se requerían tantos fletadores más para registrar fianzas y obtener certificados de solvencia que casi todos los mercaderes coloniales, incluso los que solo se dedicaban al comercio costero, se veían enredados en una maraña burocrática de obligaciones, certificados y regulaciones.

A estas frustrantes rigideces, que entonces formaban parte del sistema de navegación, se habían añadido nuevos derechos de aduana, que aumentaban los gastos de los importadores norteamericanos a fin de incrementar los ingresos británicos. La ley del Azúcar imponía aranceles a los tejidos, el azúcar, el índigo, el café y el vino importados por las colonias. Y lo más importante, la ley del Azúcar reducía desde dieciséis a tres peniques el galón el arancel, probablemente prohibitivo, sobre las melazas de las Antillas, fijado por la ley de las Melazas de 1733. El gobierno británico esperaba que un impuesto más bajo sobre las melazas extranjeras, cumplido a rajatabla, acabaría con el contrabando, llevaría a la importación legal de melazas y beneficiaría económicamente a la Corona. La opinión de los colonos era muy distinta.

Estas reformas británicas, que amenazaban con alterar los patrones de comercio, de un delicado equilibrio, construidos por las generaciones anteriores, podían interpretarse como parte de la tradicional autoridad británica sobre el comercio colonial. Pero no era posible entender igualmente el siguiente paso del nuevo programa imperial; era algo radicalmente nuevo. En el ministerio de Grenville, convencidos de que las reformas aduaneras no aportarían los ingresos que se necesitaban, estaban decididos a probar un método decididamente diferente para extraer la riqueza norteamericana. En marzo de 1765, el Parlamento aprobó, por una aplastante mayoría, la ley del Timbre, que gravaba con un impuesto los documentos legales, los almanaques, periódicos y casi cualquier tipo de papel utilizado en las colonias. Al igual que todos los impuestos, debía pagarse en libras esterlinas, no en papel moneda colonial. Aunque en Inglaterra se aplicaban impuestos sobre el timbre desde 1694 y varias asambleas coloniales habían recurrido a ellos en los años cincuenta, el Parlamento nunca había impuesto un gravamen de ese tipo directamente a los colonos.

Por tanto, no es extraño que la ley del Timbre sacudiera la opinión colonial como nada lo había hecho antes. «Solo este golpe —declaraba William Smith, hijo, de Nueva York— ha hecho perder a Gran Bretaña el afecto de todas sus colonias.»

2

La resistencia norteamericana

El ambiente en las colonias no podía ser menos receptivo a estos primeros esfuerzos del gobierno británico por reorganizar el imperio. A principios de los años sesenta, con la reducción del gasto militar, la anterior prosperidad comercial cayó en picado. Entre 1760 y 1764, los mercados norteamericanos estaban saturados de mercancías sin vender. Al mismo tiempo, las extraordinarias cosechas de tabaco (procedentes, en parte, de los nuevos productores independientes) hicieron bajar los precios en un 75 por ciento. Esta recesión económica amenazaba la estructura crediticia de todo el Atlántico, desde Londres, y las firmas mercantiles escocesas a los pequeños granjeros y tenderos de las colonias. Como resultado, las quiebras y bancarrotas se multiplicaron por todas partes.

No es sorprendente que las víctimas del hundimiento trataran de culpar al lejano gobierno en Inglaterra de su cambio de fortuna. En realidad, la reacción del gobierno británico a la crisis financiera no pudo ser más torpe e irritante para los norteamericanos. En 1764, el Parlamento aprobó una nueva ley de la Moneda, que prohibía que las colonias emitieran papel moneda de curso legal. Este drástico y simplista intento de resolver un problema complicado fue solo una de las muchas maneras en que el poder británico de aquellos años hizo aflorar muchos antagonismos profundamente arraigados entre las colonias e Inglaterra.

La ley del Azúcar, al coincidir con esta depresión posbélica, creó problemas especialmente serios a todos aquellos que dependían del comercio con las Antillas francesas y españolas. Los colonos temían que el arancel sobre las melazas de importación arruinaría la industria norteña del ron, lo cual, a su vez, reduciría las exportaciones de pescado, alimentos y esclavos africanos al Caribe y amenazaría la capacidad de Norteamérica para pagar sus importaciones de Gran Bretaña. Estos temores, unidos a la hostilidad hacia las nuevas regulaciones al comercio que acompañaban a la ley del Azúcar, avivaron la oposición y provocaron la primera protesta intercolonial organizada. En 1764, las asambleas de ocho colonias redactaron y refrendaron peticiones oficiales declarando que la ley del Azúcar les causaba perjuicios económicos y las enviaron a las autoridades de la Corona en Inglaterra.

Estas autoridades no solo no prestaron atención a estas demandas, sino que siguieron adelante con la ley del Timbre de 1765 frente a las objeciones coloniales que cada vez eran más numerosas. Esta medida no solo provocó las protestas de las colonias, sino que, además, levantó un vendaval de oposición que se extendió por todas ellas con una fuerza asombrosa. Este impuesto parlamentario, por justificable que fuera en términos fiscales, representaba una amenaza tan clara para las libertades norteamericanas y la autonomía de sus asambleas legislativas que ya no les era posible contener a su oposición dentro de los canales tradicionales de las quejas y el ejercicio de influencias.

Cuando en Norteamérica se recibió la noticia de que

el Parlamento había aprobado la ley del Timbre sin ni siquiera tomar en consideración ninguna de las demandas coloniales contra ella, los colonos reaccionaron con furia. Los comerciantes de los principales puertos formaron juntas de protesta y juraron dejar de importar mercancías británicas a fin de presionar económicamente al gobierno de la metrópoli. Periódicos y panfletos, en un número y clase nunca vistos antes en Norteamérica, rezumaban resentimiento contra lo que un neoyorquino llamaba «esos parricidas intrigantes [que han] invitado al despotismo a cruzar el océano y fijar su morada en esta tierra, en un tiempo, feliz». En reuniones convocadas apresuradamente en ciudades, condados y asambleas legislativas, la ira de los colonos se desbordaba, expresándose en ardientes declaraciones.

Este torrente de palabras furiosas no podía menos que acabar poniendo en tela de juicio las relaciones constitucionales entre Gran Bretaña y sus colonias. En la primavera de 1765, la Cámara de Representantes de Virginia adoptó una serie de resoluciones mediante las cuales denunciaba los impuestos del Parlamento y hacía valer el derecho de los colonos a ser gravados solo por los representantes elegidos por ellos. Estas resoluciones fueron presentadas por Patrick Henry que, con veintinueve años, acababa de ser elegido para el cuerpo legislativo. En el digno marco de la Cámara de Representantes, Henry se atrevió a repetir el desafío a la autoridad de la Corona que ya había lanzado en la Causa de Parson. Igual que Julio César tuvo su Bruto y el rey Carlos I su Oliver Cromwell, no le cabía duda que ahora algún norteamericano haría valer los derechos de su país contra la nueva tiranía. Henry fue interrumpido por el presidente de la

Cámara por invitar a la traición y algunas de sus resoluciones (entre ellas la que proclamaba el derecho de los virginianos a desobedecer cualquier ley que no hubiera sido promulgada por la asamblea de Virginia) eran demasiado incendiarias para ser aceptadas por la Cámara. No obstante, los periódicos coloniales publicaron las resoluciones como si la asamblea las hubiera refrendado todas. Muchos norteamericanos se convencieron de que los virginianos habían declarado prácticamente su independencia legislativa de Gran Bretaña.

La osadía de Henry era contagiosa. La asamblea de Rhode Island declaró «inconstitucional» la ley del Timbre y autorizó a los funcionarios coloniales a desobedecerla. En octubre de 1765, treinta y siete delegados de nueve colonias se reunieron en Nueva York en el Congreso de la Ley del Timbre y redactaron un conjunto de declaraciones y demandas oficiales que negaban el derecho del Parlamento a imponerles gravámenes. Pero por notable que fuera esa exhibición de unidad colonial sin precedentes, el Congreso de la Ley del Timbre, con su reconocimiento inicial de «la debida subordinación a ese augusto organismo, el Parlamento de Gran Bretaña», no podía expresar plenamente la hostilidad norteamericana.

Finalmente, fue la violencia de las masas lo que acabó con la ley del Timbre en Norteamérica. El 14 de agosto de 1765, la muchedumbre destrozó las oficinas y atacó la casa de Andrew Oliver, el distribuidor del timbre para Massachusetts. Al día siguiente, Oliver prometió que no haría cumplir la ley. Cuando las noticias de los disturbios se propagaron a otras colonias, la violencia y las amenazas de violencia se propagaron con ellas. Desde Newport, en Rhode Island, hasta Charleston, en Carolina del Sur, se organizaron grupos locales para la resistencia. En muchos lugares las compañías de maestranza, las asociaciones de artesanos y otras hermandades formaban la base de esas nacientes organizaciones locales, que solían darse el nombre de Hijos de la Libertad. Dirigidas, en su mayoría, por miembros de los estratos sociales medios –tenderos, impresores, maestros mecánicos, pequeños comerciantes– estos Hijos de la Libertad quemaron efigies de los funcionarios reales, forzaron a los oficiales del timbre a dimitir, obligaron a los hombres de negocios y los jueces a continuar actuando sin timbres, crearon una red intercolonial de correspondencia, impusieron la no importación de artículos británicos y organizaron actividades contra la ley del Timbre en todas las colonias.

Reacción británica

En Inglaterra, los liberales de Rockingham (que se habían mostrado críticos con las medidas de Jorge III y Grenville) estaban entonces a cargo del gabinete y el gobierno estaba preparado para dar marcha atrás. Estos liberales no solo estaban dispuestos a rechazar las medidas de Grenville, sino que, además, mantenían estrechas relaciones con los comerciantes británicos que habían resultado perjudicados por el boicot norteamericano. En febrero de 1766, el Parlamento revocó la ley del Timbre.

Pese al intento del gobierno británico de compensar esa revocación con la declaración oficial de que el Parlamento tenía derecho a legislar para las colonias, «en todos los casos, cualesquiera que fueran», a partir de 1765, las relaciones imperiales y el respeto norteamericano hacia la autoridad británica —en realidad, hacia cualquier autoridad— ya no volverían a ser los mismos. La crisis provocada por la ley del Timbre despertó y unió a los norteamericanos como no lo había hecho ningún acontecimiento anterior. Estimuló atrevidos escritos políticos y constitucionales en todas las colonias, ahondó la conciencia y la participación políticas de los colonos y produjo nuevas formas de resistencia popular organizada. De sus masas, aprendieron que podían forzar tanto la dimisión de los funcionarios reales como el acatamiento de otras medidas populares. Gracias a «sus tumultuosas reuniones —observó el gobernador Horatio Sharpe, de Maryland— empiezan a pensar que pueden, mediante el mismo proceder, lograr cualquier cosa que sus líderes les digan que deberían hacer».

El gobierno británico no podía confiar en una simple declaración de supremacía parlamentaria para satisfacer su necesidad de obtener más ingresos. Dado que era evidente que los colonos no asumirían un impuesto «directo» e «interno» como el del timbre, los funcionarios británicos llegaron a la conclusión de que el gobierno tendría que conseguir ingresos por medio de los tradicionales derechos de aduana, más «indirectos» y «externos». Después de todo, los colonos pagaban ya impuestos sobre las melazas, el vino y otros productos importados como resultado de la ley del Azúcar. Por consiguiente, en 1767, dirigido por el ministro de Hacienda, Charles Townshend, el Parlamento impuso nuevos gravámenes sobre el vidrio, la pintura, el papel y el té importado por las colonias. Aunque los nuevos aranceles aduaneros, en especial el reducido impuesto sobre las melazas de 1766, empezaban a aportar unos ingresos anuales medios de cuarenta y cinco mil libras –comparados con las dos mil libras anuales recaudadas antes de 1764– las sumas anuales recaudadas eran de apenas una décima parte de lo que costaba al año mantener el ejército en Norteamérica.

Convencido de que había que hacer algo más drástico, el gobierno británico reorganizó la autoridad ejecutiva del imperio. En 1767-1768 creó la Junta de Aduanas Norteamericana, con sede en Boston, que dependía directamente del Tesoro. Estableció también tres nuevos tribunales superiores del vicealmirantazgo –en Boston, Filadelfia y Charleston– para complementar al ya existente en Halifax, Nueva Escocia. En un reconocimiento tardío de la importancia de las colonias, creó un nuevo secretariado de Estado dedicado exclusivamente a los asuntos coloniales, un organismo que coronaba toda la estructura del gobierno colonial. Al mismo tiempo, decidió economizar retirando buena parte de su ejército de su costoso despliegue en el oeste y cerrando muchos puestos remotos. A partir de entonces el ejército estaría estacionado en las ciudades costeras donde, según la ley de Acuartelamiento de 1765, los colonos serían responsables de su alojamiento y aprovisionamiento. Esta retirada de las tropas hacia el este, lejos de los franceses y los indios, no solo contribuyó al caos de los territorios occidentales; sino que, además, la concentración de un ejército permanente entre la población civil, en tiempos de paz, desdibujó su misión original en Norteamérica y despertó los temores que los colonos sentían respecto a las intenciones británicas.

En 1768, los funcionarios reales estaban decididos a aplastar a las fuerzas rebeldes que parecían andar sueltas por todas partes. En medio de las disputas ministeriales de finales de los años sesenta, algunos funcionarios propusieron que se utilizaran las tropas británicas contra los alborotadores norteamericanos. Los ingresos de los aranceles Townshend se destinaron a pagar el sueldo de los funcionarios reales en las colonias para que fueran independientes de las asambleas legislativas coloniales. Se impartieron instrucciones a los gobernadores de las colonias para que mantuvieran un estricto control sobre las asambleas y no aprobaran actos que aumentaran la representación popular en ellas ni el tiempo en que permanecían reunidas. Los funcionarios reales consideraban planes más elaborados para remodelar los gobiernos coloniales; algunos propusieron que se revocara la Carta de Massachusetts; otros que se reforzaran los consejos reales o cámaras altas. Algunos llegaron a aconsejar que fueran enviados miembros de la nobleza titulada a Norteamérica para participar como representantes en esas cámaras altas.

Ahondamiento de la crisis

En el ambiente de finales de los años sesenta, estas medidas y propuestas no eran únicamente irritantes; eran dinamita. Después de la crisis de la ley del Timbre, la susceptibilidad norteamericana hacia cualquier forma de carga fiscal estaba a flor de piel. Con la aprobación de los aranceles Townshend, los anteriores patrones de resistencia reaparecieron y se ampliaron. Panfletistas y periodistas saltaron en defensa de las libertades norteamericanas. John Dickinson, el rico y cultivado abogado de Filadelfia, en sus *Letters from a Farmer in Pennsylvania* (1767-1768), el panfleto más popular de los años sesenta, rechazaba todos los impuestos parlamentarios. Según Dickinson, el Parlamento no tenía derecho alguno a imponer tributos ni «internos» ni «externos» recaudados con el único fin de aumentar sus ingresos. Llamaba a la reactivación de los acuerdos contra las importaciones que tan eficaces habían sido durante la resistencia a la ley del Timbre.

Siguiendo el ejemplo de Boston, en marzo de 1768, los comerciantes de los puertos coloniales volvieron a formar asociaciones para boicotear las mercancías británicas. Pese a la fuerte competencia entre los diferentes grupos de comerciantes y a las envidias entre los puertos, en 1769-1770 estos acuerdos de no importación habían reducido las ventas británicas a las colonias norteñas en casi dos tercios. Los colonos fomentaban el uso de telas tejidas en casa y en los pueblos de Nueva Inglaterra las «Hijas de la Libertad» organizaban círculos para tejer. En esos días ya eran más numerosos los norteamericanos que participaban en el movimiento de resistencia. Grupos y comités al margen de la ley, por lo general, aunque no siempre, moderados por líderes populares, surgían para intimidar a los inspectores del tabaco en Maryland, castigar a los importadores en Filadelfia, amedrentar a un editor en Boston y acosar a los funcionarios de aduanas en Nueva York.

En ningún lugar fueron los sucesos más espectaculares que en Massachusetts. Allí la situación era tan incendiaria que cada medida disparaba una cadena de estallidos que ahondaba el abismo entre los colonos y la autoridad real. Samuel Adams, de cuarenta y seis años, con su celo puritano, su capacidad organizadora y su profundo odio a la autoridad de la Corona, se destacó como figura política dominante. Más tarde se diría que 1768 fue el año en que

Adams decidió la independencia de Norteamérica. Dados los acontecimientos de Massachusetts de aquel año, es fácil ver por qué.

En febrero de 1768, la Cámara de Representantes de Massachusetts envió a las otras cámaras legislativas una «carta circular» que denunciaba los impuestos Townshend como violaciones inconstitucionales del principio de «ninguna contribución sin representación». Lord Hillsborough, secretario de Estado del Departamento para Norteamérica, de reciente creación, ordenó a la Cámara de Massachusetts que revocara su circular. Cuando la Cámara desacató esta orden por una mayoría de noventa y dos a diecisiete (entronizando al hacerlo el número noventa y dos en los rituales patrióticos), el gobernador Francis Bernard la disolvió. Silenciado este foro legal para tratar los motivos de queja, las bandas y otros grupos no autorizados de la colonia estallaron violentamente. Boston, que se estaba convirtiendo rápidamente en símbolo de la resistencia colonial, ordenó que sus habitantes se armaran y convocó una convención de delegados ciudadanos, una reunión que no tendría categoría legal. Atacados por las bandas, los funcionarios de aduanas de Boston no pudieron aplicar las normas de navegación y pidieron ayuda militar. Cuando, en junio de 1768, llegó a Boston un buque de guerra británico, los envalentonados agentes se incautaron inmediatamente del barco *Liberty*, de John Hancock, acusándolo de violar las actas del comercio. Dado que el rico Hancock era un miembro destacado del movimiento de resistencia, la intención del embargo era dar una lección práctica sobre autoridad real. No obstante, lo que consiguió fue disparar una de las revueltas más salvajes de la historia de la ciudad.

Hillsborough, convencido de que Massachusetts se encontraba en un estado de auténtica anarquía, despachó dos regimientos de tropas desde Irlanda. Empezaron a llegar a Boston el 1 de octubre de 1768 y su aparición señaló un momento crucial en el creciente enfrentamiento. Era la primera vez que el gobierno británico enviaba un número importante de soldados para imponer la autoridad británica en las colonias. En 1769 había casi cuatro mil chaquetas rojas armados en el atestado puerto marítimo, que contaba con quince mil habitantes. Dado que los colonos compartían la tradicional desconfianza inglesa hacia los ejércitos permanentes, las relaciones entre los ciudadanos y los soldados se deterioraron. El 5 de marzo de 1770, una partida de ocho soldados británicos acosados disparó contra una muchedumbre amenazadora, matando a cinco civiles. La «Matanza de Boston», especialmente tal como la representa el exagerado grabado de Paul Revere, despertó las pasiones norteamericanas e inspiró buena parte de la retórica más sensacionalista oída en la era revolucionaria.

Recurrir a las tropas para sofocar los desórdenes era el síntoma definitivo de la ineficacia de la autoridad del gobierno británico y muchos británicos lo sabían. El uso de la fuerza, se dijo en el Parlamento y en la propia administración, solo conseguía destruir la buena voluntad sobre la cual debía descansar, en última instancia, la relación de los colonos con la madre patria. En realidad, durante la escalada de acontecimientos de los años sesenta, muchos ministros británicos permanecieron confusos e inseguros. «Existen las razones más urgentes para hacer lo que es debido y hacerlo inmediatamente —escribió el ministro de la Guerra, lord Barrington, al gobernador Bernard en

1767–, pero ¿qué es lo debido y quién tiene que hacerlo?» Los funcionarios ingleses avanzaban y retrocedían, rogaban y amenazaban, con unos esfuerzos cada vez más desesperados por imponer la autoridad británica sin agravar la hostilidad de los colonos. En el invierno de 1767-1768 los británicos respondieron a los desórdenes de Massachusetts con una serie de resoluciones parlamentarias en las que condenaban el rechazo de Massachusetts a la supremacía parlamentaria y amenazaban con llevar a los infractores coloniales a Inglaterra para juzgarlos. Sin embargo, una fuerte oposición minoritaria en la Cámara de los Comunes y la renuencia del ministro a provocar nuevas crisis convirtió esas resoluciones en gestos vacíos. El gobierno dirimía entonces lo que un inglés llamó «una guerra de papel con las colonias».

A finales de los años sesenta, los planes británicos para reorganizar el imperio eran un caos. Las cámaras coloniales y los gobernadores reales estaban en constante pugna. Los periódicos coloniales censuraban diariamente a la autoridad británica y las bandas eran cada vez más comunes tanto en el campo como en las calles de las ciudades. Los funcionarios de aduanas, sometidos a una constante intimidación, se peleaban con los comerciantes, con los oficiales navales y con los gobernadores reales. La implicación de los oficiales de aduanas en la política local imposibilitaba la imposición eficaz o ecuánime de las leyes comerciales. Así pues, cuando se aplicaban, parecía algo arbitrario y discriminador y empujaba a muchos comerciantes, como el acaudalado Henry Laurens, de Carolina del Sur, que con anterioridad se había mostrado despectivo hacia los Hijos de la Libertad, a una implacable oposición.

No parecía que los ingresos del gobierno británico procedentes de las reformas aduaneras compensaran, en absoluto, lo que costaban. En 1770, se habían recaudado menos de veintiuna mil libras de los aranceles Townshend, mientras que se calculaba en setecientas mil libras el valor de las pérdidas comerciales británicas debido a los movimientos norteamericanos contrarios a la importación del año anterior. No fue, pues, sorprendente que el gobierno británico abandonara la esperanza de garantizar ingresos por los aranceles y condenara el programa Townshend, en palabras de Hillsborough, por ser «contrario a los auténticos principios del comercio». En 1770, después de años de caos gubernamental, la reorganización del gobierno real bajo lord North preparó el camino para la revocación de las leyes Townshend. Solo se conservó el impuesto sobre el té para que sirviera, como dijo lord North, «como señal de la supremacía del Parlamento y eficaz declaración de su derecho a gobernar las colonias».

Sin embargo, la estabilización de la política inglesa que se produjo con la formación del ministerio de lord North y la revocación de las leyes Townshend no podía deshacer lo que ya estaba hecho. Cualesquiera lazos de afecto que hubieran existido anteriormente entre los colonos y Gran Bretaña se estaban destruyendo rápidamente debido a la irritación y la desconfianza. Muchos norteamericanos estaban empezando a creer que sus intereses y esperanzas, sus derechos y libertades, estaban amenazados por el poder británico. Aunque a principios de los años setenta había políticos de ambos lados favorables al retorno a las condiciones existentes antes de 1763, estaba claro que ya no era posible volver atrás.

Durante dos años, hubo una tranquilidad superficial. Luego la lucha empezó de nuevo. En 1772, los habitantes de Rhode Island, furiosos por la opresiva imposición de las actas de navegación, abordaron la goleta de la armada británica *Gaspée*, que había embarrancado en la bahía de Narragansett, la hundieron e hirieron a su capitán. Desde la metrópoli se despachó una comisión real para investigar el hundimiento, con poderes para enviar a todos los sospechosos a Inglaterra para ser juzgados. Esta autoridad parecía cumplir las anteriores amenazas británicas de pasar por alto los procedimientos judiciales regulares y consiguió que Virginia hiciera un llamamiento para la creación de comités intercoloniales de correspondencia, al cual respondieron cinco asambleas.

Bajo el liderazgo de Boston y, especialmente, de Samuel Adams, las ciudades de Massachusetts ya habían empezado a organizar esos comités de correspondencia. En el otoño de 1772, los bostonianos publicaron un encendido documento, *The Votes and Proceedings* de la reunión en su ciudad, donde constaban todas las violaciones británicas de los derechos norteamericanos. Entre ellas estaba la imposición de impuestos y legislación a los colonos sin su consentimiento, el envío de ejércitos permanentes en tiempos de paz, la ampliación de los poderes de los tribunales del vicealmirantazgo (que no utilizaba juicios con jurado), la restricción de la fabricación colonial y la amenaza de establecer obispos anglicanos en Norteamérica. La publicación se envió a las doscientas sesenta ciudades de Massachusetts y más de la mitad respondieron positivamente, en la mayor emanación de la opinión local ordinaria que el movimiento de la resistencia había visto hasta entonces. A finales de 1773, en los periódicos coloniales se hablaba libremente sobre la independencia. Dado que el gobierno de North estaba decidido a mantener la soberanía del Parlamento, el enfrentamiento parecía inevitable.

En 1773, el Parlamento proporcionó la ocasión para ese enfrentamiento al conceder a la Compañía de las Indias Orientales el privilegio exclusivo de vender té en Norteamérica. Aunque la intención del gobierno North con esta ley del Té era solo salvar a la Compañía de la bancarrota, la decisión encendió la mecha de la serie final de explosiones. La ley no solo permitió que los radicales coloniales llamaran de nuevo la atención sobre la inconstitucionalidad del impuesto existente sobre el té, sino que, además, autorizaba a la Compañía a conceder monopolios de venta de té a los comerciantes coloniales favorecidos; una disposición que enfureció a los que quedaban excluidos. La ley del Té disparó la alarma por todas las colonias. En varios puertos, los colonos no dejaron que los barcos descargaran el té de la Compañía. Cuando se impidió que los barcos del té descargaran su mercancía, el gobernador Thomas Hutchinson, a cuya familia se le había concedido el derecho a vender té, se negó a permitir que los barcos partieran sin descargar. En respuesta, el 16 de diciembre de 1773, un grupo de patriotas disfrazados de indios arrojaron el cargamento, con un valor de unas diez mil libras, al mar en el puerto de Boston. «Es la acción más magnífica de todas —dijo, exultante, John Adams, un joven y ambicioso abogado de Braintree, Massachusetts—. Esta destrucción del té es tan osada, tan atrevida, tan firme, intrépida e inflexible y tendrá unas consecuencias tan importantes y tan duraderas que no puedo menos de considerarla un hito en la historia.»

Adams tenía razón. Para los británicos, la Fiesta del Té de Boston fue el ultraje definitivo. Unos funcionarios furiosos y muchas de las personas políticamente activas de Gran Bretaña clamaron por un castigo que enfrentara de lleno a Norteamérica con la cuestión del derecho del Parlamento a legislar para las colonias. «Tenemos que establecer nuestra autoridad ahora —dijo lord North en la Cámara de los Comunes— o abandonarla por completo.» En 1774, el Parlamento aprobó una serie de leyes que se conocerían como las leyes Coercitivas. Por la primera de ellas, se cerraba el puerto de Boston hasta que fuera pagado el té destruido. Por la segunda, se alteraba la Carta de Massachusetts y se reorganizaba el gobierno. Los miembros del Consejo, o Cámara Alta, serían a partir de entonces nombrados por el gobernador real en lugar de ser elegidos por la asamblea legislativa, se restringían las reuniones ciudadanas y se reforzaba el poder del gobernador para nombrar jueces y *sheriffs*. La tercera ley acordaba que los funcionarios reales acusados de delitos graves fueran juzgados en Inglaterra o en otra colonia para evitar unos jurados hostiles. La cuarta otorgaba al gobernador el poder para confiscar edificios privados para acuartelar a las tropas, en lugar de usar barracones. Al mismo tiempo, se nombraba a Thomas Cage, comandante en jefe del ejército británico en Norteamérica, gobernador de la colonia de Massachusetts.

Estas leyes Coercitivas fueron la gota que hizo desbordar el vaso. Convencieron a los norteamericanos de una vez por todas de que el Parlamento no tenía más derecho a legislar en su lugar que a gravarles con impuestos.

Debate imperial

Los colonos habían ido avanzando hacia la negación del poder del Parlamento desde el principio de la controversia. Durante una década, habían entablado un extraordinario debate constitucional con los británicos sobre la naturaleza del poder y la representación públicos y el imperio. Este debate dejó al descubierto por vez primera lo mucho que divergían las anteriores experiencias políticas de Norteamérica de las de la madre patria.

Con la aprobación de la ley del Timbre, el primer gravamen impuesto, con toda claridad, a los norteamericanos, la resistencia intelectual de estos se elevó inmediatamente al más alto plano de los principios. «Es inseparablemente esencial a la libertad de un pueblo y derecho indudable de los ingleses —se declaraba en el Congreso de la Ley del Timbre, en 1765— que no se les imponga ningún impuesto, salvo con su consentimiento, dado personalmente o a través de sus representantes.» Y dado que «el pueblo de estas colonias no está y, debido a sus circunstancias locales, no puede estar representado en la Cámara de los Comunes en Gran Bretaña», los colonos solo serían representados y gravados por personas conocidas y elegidas por ellos mismos y que sirvieran en sus respectivas asambleas legislativas. Esta declaración definía la posición norteamericana al inicio de la controversia y, pese a la confusión y escollos posteriores, los colonos no abandonaron nunca este punto esencial.

Cuando el gabinete británico percibió el despertar de la oposición colonial ante la ley del Timbre, una serie de panfletistas del gobierno inglés se dedicaron a explicar y justificar las cargas fiscales impuestas por el Parlamento a las colonias. Aunque los argumentos de estos escritores diferían, todos se mostraban de acuerdo en que los norteamericanos, como los ingleses en todas partes, estaban sometidos a las leyes del Parlamento por un sistema de representación «virtual». Argumentaban que el concepto de la representación virtual, distinto de la representación real, era lo que daba al Parlamento su suprema autoridad, su soberanía. Uno de esos panfletistas escribió que aunque los colonos, al igual que «las nueve décimas partes del pueblo británico» no habían elegido a ninguno de los representantes de la Cámara de los Comunes, era indudable que eran «una parte y una parte importante de los Comunes de Gran Bretaña y que están representados en el Parlamento de la misma manera que los habitantes de Gran Bretaña que no tienen voz en las elecciones».

Durante el siglo XVIII, el electorado británico era solo una proporción diminuta de la nación; probablemente, solo uno de cada seis hombres adultos tenía derecho al voto, comparado con dos de cada tres en Norteamérica. Además, los distritos electorales británicos eran una confusa mezcla de tamaños y formas, residuo de siglos de historia. Algunas de las circunscripciones eran grandes, con miles de votantes, pero otras eran pequeñas y estaban más o menos en el bolsillo de un único gran terrateniente. Muchos de los distritos electorales tenían pocos votantes y algunos llamados *rotten boroughs* (municipios podridos) no tenían ningún habitante. Una ciudad, Dunwich, continuaba enviando representantes al Parlamento, aunque hacía tiempo que se había hundido en el mar del Norte; al mismo tiempo, algunas de las ciudades más grandes de Inglaterra, como Manchester y Birmingham, que habían crecido de golpe a mediados del siglo XVIII, no enviaban ninguno. Aunque los reformistas radicales, entre ellos John Wilkes, criticaban cada vez más esta confusa estructura política, la reforma parlamentaria tardaría en llegar y no empezaría hasta 1832. Muchos ingleses, como Edmund Burke en 1774, justificaban este sinsentido afirmando que cada miembro del Parlamento representaba a la totalidad de la nación británica y no solo a la localidad de la que procedía. Según esta opinión, en Inglaterra el pueblo no era representado por el proceso de elección, que se consideraba incidental a la representación, sino por los intereses mutuos que se presumía que los miembros del Parlamento compartían con todos los ingleses en nombre de quienes hablaban, incluyendo aquellos que no les habían votado, como era el caso de los colonos.

Los norteamericanos rechazaron de forma inmediata y tajante las afirmaciones británicas de que estaban «virtualmente» representados de la misma manera que los ciudadanos no votantes de Manchester y Birmingham. En el panfleto colonial más notable escrito para oponerse a la ley del Timbre, *Considerations on the Propriety of Imposing Taxes* (1765), Daniel Dulany, de Maryland, admitía la importancia que tenía en Inglaterra la representación virtual, pero negaba que fuera aplicable a Norteamérica. Porque Norteamérica, escribía, era una comunidad diferente de Inglaterra y, por tanto, no podía ser representada por unos miembros del Parlamento con quienes no tenía intereses comunes. Otros fueron más lejos del argumento de Dulany y cuestionaron la idea misma de la representación virtual. Si el pueblo tenía que estar adecuadamente representado en una asamblea legislativa, decían muchos colonos, no solo tenía que votar directamente por los miembros de esa asamblea, sino que, además, tenían que representarlo unos miembros cuyo número fuera proporcional al tamaño de la población en cuyo nombre hablaban. En 1765 James Otis, de Massachusetts, preguntaba qué propósito tenían los continuados intentos de los ingleses de justificar la inexistencia de representación norteamericana en el Parlamento citando los ejemplos de Manchester y Birmingham, que no enviaban miembros a la Cámara de los Comunes. «Si esas poblaciones, ahora tan importantes, no están representadas, deberían estarlo.»

En el Nuevo Mundo, los distritos electorales no eran producto de una historia que se remontaba siglos atrás, sino que eran creaciones recientes y regulares relacionadas con cambios de la población. Cuando se fundaban nuevas ciudades en Massachusetts y nuevos condados en Virginia, se enviaban habitualmente nuevos representantes a las asambleas legislativas correspondientes. Como consecuencia, muchos norteamericanos creían en una clase de representación muy diferente a la de los ingleses. Su creencia en la representación «real» hacía que el proceso de elección no fuera incidental sino esencial para esta. La representación real destacaba la relación más estrecha posible entre los electores locales y sus representantes. Para los norteamericanos lo apropiado era que sus representantes residieran en las localidades en cuyo nombre hablaban y que los habitantes de esa localidad tuvieran el derecho a dar instrucciones a sus representantes. Los norteamericanos pensaban que era justo que esas localidades estuvieran representadas, más o menos, en proporción a su población. En resumen, la creencia norteamericana en la representación real señalaba hacia la participación más plena e igualitaria del pueblo en el proceso de gobierno que el mundo moderno había visto nunca.

Sin embargo, aunque negaban que el Parlamento tuviera derecho a imponerles impuestos porque no estaban representados en la Cámara de los Comunes, sabían que el Parlamento había ejercido cierta autoridad sobre sus asuntos durante el siglo anterior. Por tanto, trataban de explicar el significado de esa autoridad. ¿En qué consistía la «debida subordinación» que el Congreso de la Ley del Timbre admitía que debían al Parlamento? ¿Podían los colonos aceptar la legislación parlamentaria, pero no la imposición tributaria? ¿Podían aceptar unos derechos aduaneros «externos» con el propósito de regular el comercio, pero no unos impuestos sobre el timbre «internos» con el propósito de recaudar dinero? En sus famosas *Letters from a Farmer in Pennsylvania*, John Dickinson rechazaba la idea de que el Parlamento pudiera imponer gravámenes, tanto si eran «externos» como «internos», y dejaba claro que los colonos se oponían a cualquier forma de tributo impuesto por el Parlamento. Pero Dickinson reconocía que el imperio requería algún tipo de autoridad central reguladora, especialmente para el comercio, y admitía el poder legislativo supervisor del Parlamento en cuanto preservaba «la relación entre las diversas partes del Imperio británico». A muchos colonos les parecía que el imperio era un cuerpo unificado para algunos asuntos, pero no para otros.

Para contrarrestar esos esfuerzos torpes y vacilantes de los colonos para dividir la autoridad parlamentaria, los británicos ofrecieron un argumento simple pero contundente. Dado que ellos no podían concebir el imperio salvo como una sola comunidad unificada, encontraban absurdas y sin sentido todas esas distinciones norteamericanas entre regulaciones comerciales e impuestos, entre impuestos «internos» y «externos» y entre diferentes esferas de la autoridad. Si el Parlamento era, incluso «en un único caso», tan supremo sobre los colonos como lo era sobre el pueblo de Inglaterra, escribió William Knox, miembro de un subgabinete, en 1769, entonces los norteamericanos eran miembros «de la misma comunidad que el pueblo de Inglaterra». En cambio, si se negaba la autoridad del Parlamento sobre los colonos «en algún sentido», entonces se tenía que negar en «todos los casos» y la unión entre Gran Bretaña y las colonias debía disolverse. «No hay alternativa —concluía Knox—. Bien las colonias son parte de la comunidad de Gran Bretaña o están en un estado natural con respecto a ella y no pueden, en ningún caso, ser sometidas a la jurisdicción de ese poder legislativo que representa su comunidad, que es el Parlamento británico.»

Lo que hacía que este argumento británico fuera tan poderoso era que se basaba en el principio de soberanía, ampliamente aceptado; la creencia de que, en todo estado, solo podía haber una única autoridad suprema, final, indivisible e incontestable. Este era el concepto más importante de la teoría política del siglo XVIII y acabó siendo la cuestión que acarrearía la destrucción del imperio.

Esta idea de que, en última instancia, todo estado debe tener una única autoridad legislativa, suprema e íntegra, era la base de la posición británica desde el principio. Los británicos habían expresado oficialmente este concepto de soberanía en el Acta Declaratoria de 1766 que, siguiendo a la revocación de la ley del Timbre, apoyaba la autoridad del Parlamento para hacer leyes que obligaran a los colonos «en todos los casos, cualesquiera que fueran». Era natural que los británicos hicieran recaer la soberanía en el Parlamento, porque era la institución hacia la que tenían el máximo respeto. Realmente, sería difícil exagerar la veneración sentida por los británicos de la metrópoli hacia su Parlamento. Todos los buenos británicos podían desconfiar del poder de la Corona, pero no del Parlamento, que siempre había sido el baluarte de sus libertades, su protector contra los abusos de la monarquía.

Los colonos no podían compartir esa reverencia tradicional y, en esta cuestión, se alejaron de forma inevitable de los demás ingleses, no mediante el rechazo del concepto de soberanía, sino trasladándolo. En 1773, el gobernador de Massachusetts, Thomas Hutchinson, se sintió incitado a desafiar directamente al movimiento radical y su creencia en la naturaleza limitada del poder parlamentario. En un discurso elocuente y muy divulgado, dirigido a la asamblea legislativa de Massachusetts, Hutchinson trataba de una vez por todas de aclarar el principal problema constitucional entre Norteamérica y Gran Bretaña y mostrar a los colonos lo poco razonables que eran sus puntos de vista. «No conozco línea alguna —declaraba— que pueda trazarse entre la suprema autoridad del Parlamento y la total independencia de las colonias, ya que es imposible que haya dos legislaturas independientes en un único y mismo estado.»

En 1773, muchos norteamericanos perdieron la esperanza de tratar de dividir lo que los funcionarios reales les decían que no se podía dividir. La Cámara de Representantes de Massachusetts tenía una respuesta simple a la posición de Hutchinson. Si, como decía el gobernador, no había un término medio entre la suprema autoridad del Parlamento y la total independencia de las colonias respecto a ese mismo Parlamento, los miembros de la Cámara pensaban que no podía caber duda alguna de que eran, pues, independientes. Por tanto, la lógica de la soberanía forzó un cambio fundamental en la postura norteamericana.

En 1774, los líderes de los colonos, entre ellos Thomas Jefferson y John Adams, argumentaban que solo las cámaras legislativas norteamericanas independientes eran soberanas en Norteamérica. Según este argumento, el Parlamento no tenía allí ninguna autoridad inapelable y las colonias solo estaban vinculadas al imperio a través del rey. Lo máximo que los colonos estaban dispuestos a admitir era que el Parlamento tenía el derecho de regular su comercio exterior solo «por la necesidad del caso y la consideración al interés mutuo de ambos países», como se expresaba en las *Declarations and Resolves* del Primer Congreso Continental. Pero el gobierno británico seguía comprometido con la soberanía parlamentaria encarnada en el Acta Declaratoria, que ningún líder norteamericano podía ya tomarse en serio.

Era solo una cuestión de tiempo que estas posiciones irreconciliables llevaran al conflicto armado.

3

La revolución

En 1774, en el corto espacio de una década después de la introducción de las reformas imperiales, los norteamericanos que habían celebrado la coronación de Jorge III estaban, prácticamente, en rebelión contra Gran Bretaña. Durante los dos años que siguieron a las leyes Coercitivas de 1774, los acontecimientos se sucedieron con rapidez y la reconciliación entre Gran Bretaña y sus colonias resultó cada vez más improbable. Para entonces, la crisis se había convertido en algo más que una simple ruptura de la relación con el imperio. Los extraordinarios esfuerzos de los colonos por comprender lo que estaba sucediendo transformaron su resistencia y, finalmente su rebelión, en una revolución histórica en todo el mundo. La Declaración de Independencia de 1776 convirtió la separación de Gran Bretaña en un acontecimiento que muchos norteamericanos y algunos europeos creían que no tenía precedentes en la historia. Los norteamericanos se veían a sí mismos esforzándose no solo en liberarse, sino también en llevar la libertad al mundo entero.

Aproximación a la independencia

Las leyes Coercitivas de 1774 provocaron la rebelión abierta en Norteamérica. Los abusos del gobierno inglés no

solo habían despertado los principios de los norteamericanos; además, las repetidas expresiones de la arrogancia
inglesa habían acabado por agotar su paciencia. Cualquier autoridad monárquica que quedara en las colonias
se disolvió. Muchas comunidades locales, con una libertad que no disfrutaban desde el siglo XVII, intentaron
crear desde abajo nuevos gobiernos regulares. En reuniones multitudinarias que, a veces, atraían a miles de colonos excitados se aprobaban resoluciones y se exigían
nuevas organizaciones políticas. Comités de diferentes
tamaños y nombres —comités de seguridad, de inspec-
ción, de comerciantes, de mecánicos— competían entre
ellos para hacerse con el control político. En las diversas
colonias, el gobierno de la Corona fue reemplazado de
muchas maneras, dependiendo de lo amplia y personal
que hubiera sido anteriormente la autoridad real. En
Massachusetts, donde esa autoridad había llegado a los
pueblos y ciudades por medio de los jueces de paz
nombrados por el rey, la sustitución fue mayor que en
Virginia, donde apenas había alcanzado el control de
los condados, que estaba en manos de los poderosos terratenientes. Pero en todas partes se produjo una transferencia fundamental de autoridad que abría nuevas
oportunidades para que unos nuevos hombres se reafir-
maran.

Hacia finales de 1774, en muchas de las colonias, las
asociaciones locales controlaban y regulaban diversos aspectos de la vida norteamericana. Los comités manipula-
ban a los votantes, ordenaban los nombramientos, organizaban la milicia, gestionaban el comercio, intervenían
entre acreedores y deudores, cobraban impuestos, expe-
dían licencias y supervisaban o cerraban los tribunales. Los

gobernadores reales contemplaban desconcertados e impotentes cómo iban creciendo en torno a ellos nuevos órganos de gobierno no oficiales. Estos nuevos organismos iban desde los comités de las ciudades y los condados y los recién creados congresos provinciales hasta un congreso general de las colonias, el Primer Congreso Continental, que se reunió en Filadelfia en septiembre de 1774.

En total, participaron en el Congreso cincuenta y cinco delegados procedentes de doce colonias (todas salvo Georgia). Algunos colonos, incluso algunos funcionarios reales, confiaban en que este Congreso intentara restablecer la autoridad imperial. Sin embargo, los que estaban ansiosos por romper el vínculo con Gran Bretaña ganaron el primer asalto. Dirigidos por los primos Samuel y John Adams, de Massachusetts, y por Patrick Henry y Richard Henry Lee, de Virginia, el Congreso refrendó las encendidas Resoluciones del Condado de Suffolk, Massachusetts, que recomendaban la resistencia abierta a las leyes Coercitivas. Pero el Congreso aún no estaba listo para la independencia. Estuvo muy cerca —solo faltó el voto de una colonia— de estudiar más a fondo y quizá adoptar un plan de unión entre Gran Bretaña y las colonias propuesto por Joseph Galloway, líder de la asamblea de Pensilvania y portavoz de los delegados conservadores del Congreso por las Colonias Medias.* El plan de Galloway era bastante radical; pedía la creación de un gran consejo colonial compuesto por representantes de cada colonia. Las leyes aprobadas bien por ese Gran Consejo, bien por el Parlamento británico tenían que ser sometidas a la aprobación y revisión mutuas.

* Nueva York, Delaware, Pensilvania y New Jersey. (N. del E.)

No obstante, en 1774, incluso si el plan de Galloway hubiera sido aceptado, era improbable que el Congreso hubiera podido invertir la transferencia de autoridad que estaba teniendo lugar en las colonias. Al final, el Congreso Continental se limitó a reconocer a las nuevas autoridades locales de la política norteamericana y darles su bendición estableciendo la Asociación Continental. Este organismo puso en práctica las decisiones de no importación, no exportación y no consumo de mercancías que había acordado el Congreso. Se ordenó a los comités de todos los condados, ciudades y poblaciones que «observaran atentamente la conducta de todas las personas» para condenar públicamente a todos los que violaran los acuerdos como «enemigos de la libertad norteamericana» y que «rompieran todo trato» con ellos.

Así, con la Asociación Continental refrendada por el Congreso, los comités locales, hablando en nombre de la «unión del pueblo», prosiguieron la transformación política. Grupos de hombres, desde unas pocas docenas a varios cientos, marchaban por las calles de los pueblos y las ciudades buscando a los enemigos del pueblo. Todo aquel sospechoso de ser enemigo se veía obligado, bajo amenaza de ser embreado y emplumado, a retirar palabras o designios poco amistosos contra el público, firmar confesiones de culpabilidad y arrepentimiento y prestar nuevos juramentos de amistad hacia el pueblo. En todas las colonias había indicios del nacimiento de un nuevo poder político.

Estos notables cambios políticos no eran solo el producto de la resistencia de los colonizadores a la reforma imperial británica. Los intentos de Gran Bretaña por reorganizar su imperio no tenían lugar en el vacío, sino en unas situaciones muy tensas y complicadas existentes en cada colonia. En algunos casos, estas condiciones políticas locales tenían tanto que ver con la escalada de la controversia entre las colonias y la madre patria como las medidas tomadas por el gobierno británico a cinco mil kilómetros de distancia. Durante los años sesenta había, por todas las colonias, grupos interesados en explotar el resentimiento popular contra las reformas británicas a fin de conseguir ventajas políticas locales, sin vislumbrar, no obstante, cuáles iban a ser las consecuencias finales de sus actos.

Por ejemplo, en Nueva York, las facciones políticas dirigidas por las adineradas familias Livingston y De Lancey rivalizaban en azuzar la oposición a la legislación imperial y en ganarse el apoyo de grupos populares que operaban fuera de la ley, como los Hijos de la Libertad. Así, esa alta burguesía ayudaba a expandir los derechos y la participación del pueblo en la política, no con el objeto de promover la democracia electoral, sino con el propósito táctico de hacerse con el control de sus asambleas electivas. Aunque esta especie de popularización no planeada de la política ya había tenido lugar en el pasado, especialmente en las zonas urbanas, el inflamado ambiente generado por la crisis imperial le confería un nuevo poder explosivo con repercusiones impredecibles.

En una colonia tras otra, las disputas locales y, a menudo, antiguas se entretejieron de tal manera con los antagonismos imperiales que se reforzaron mutuamente creando un torbellino que cuestionaba a cualquier autoridad gubernamental. Incluso las autoridades de las colonias que no estaban regidas por un gobernador real, como Pensilvania y Maryland, fueron víctimas de la crisis imperial. Así en Maryland, en 1770, una proclama del gobernador en la que se fijaban los honorarios que se pagaban a los funcionarios gubernamentales pareció vulnerar el principio de ninguna contribución sin representación, que tan vívido había resultado en el debate imperial. Esta proclamación ejecutiva provocó una pugna local tan enconada que obligó a Daniel Dulany, un miembro adinerado del consejo de la colonia y anterior oponente a la ley del Timbre, a defender al gobernador. Al final, la controversia destruyó la capacidad de este para gobernar y convirtió a Dulany en leal a la causa británica.

En los años setenta, todos estos acontecimientos, sin que fuera intencionado por parte de nadie, iban creando una nueva clase de política popular en Norteamérica. La retórica de la libertad hacía aflorar tendencias políticas latentes desde hacía tiempo. La gente corriente ya no estaba dispuesta a confiar solo en los caballeros ricos e instruidos para que les representaran en el gobierno. Varios grupos de artesanos, religiosos o étnicos sentían entonces que sus intereses particulares eran tan distintos que solo alguien de su propia clase podía ser su portavoz. En 1774, los radicales de Filadelfia exigieron que siete artesanos y seis alemanes fueran incorporados al comité revolucionario de la ciudad.

Los norteamericanos de hoy están acostumbrados a esa política de «coalición» y «grupos de interés», pero los del siglo XVIII no lo estaban. El terrateniente William Henry Drayton, de Carolina del Sur, educado en Oxford, se quejaba de tener que participar en el gobierno con hombres que solo sabían cómo «despedazar un animal en el mercado» o «remendar un zapato viejo». «Nunca fue intención de la naturaleza que esos hombres fue-

ran políticos profundos ni hombres de estado capaces.»
En 1775, el gobernador real de Georgia observó, estupefacto, que el comité que controlaba Savannah consistía
en «una amalgama de las gentes más bajas, especialmente
carpinteros, zapateros, herreros, etcétera, con un judío a
la cabeza». En algunas colonias, los políticos pedían un
sufragio ampliado, el uso de papeletas en lugar de la habitual votación oral, la apertura al público de las reuniones legislativas y el registro de los votos recogidos en las
asambleas. Todas estas propuestas agrandaban la arena política y limitaban el poder de los que se aferraban a los
sistemas tradicionales de acuerdos privados e influencias
personales.

Por todas partes, los «incendiarios» (como los llamaban los funcionarios reales) utilizaban una encendida y
populista retórica y competían abiertamente por el liderazgo político. Cada vez más «hombres nuevos» aprove-
chaban el resentimiento del pueblo hacia las regulaciones
británicas y hacían campaña activamente por la elección
populista, a fin de sortear los canales tradicionales de la
política, estrechos y controlados por las influencias. El
ambiente político de Norteamérica estaba entonces car-
gado, como nunca antes, tanto de profundas animosida-
des como de nuevas esperanzas para mejorar el mundo.
Los norteamericanos se decían que estaban «en vísperas
de grandes e inusuales acontecimientos», acontecimientos que «pueden establecer una nueva era y dar un nuevo
giro a los asuntos humanos».

Hombres que, como Thomas Hutchinson, se habían
criado según las viejas costumbres y se habían beneficia-
do de ellas se sentían desconcertados e impotentes frente
a estos fenómenos de popularización. No estaban dota-

dos ni de la capacidad psicológica ni de la sensibilidad política para entender esta política popular y la indignación moral y el ardiente celo que la sustentaban, y mucho menos para reaccionar ante ella. Intrigaban, conspiraban y trataban de manipular a quienes pensaban que eran las personas importantes de la oposición. (En 1768, por ejemplo, le ofrecieron a John Adams el cargo de defensor general en el Tribunal del Almirantazgo en Massachusetts.) Cuando no podían comprarlos, los acusaban de demagogia o los ridiculizaban tildándolos de advenedizos. Asustados por la creciente violencia, atacaban con furia todo tipo de política popular que creyeran que estaba minando la autoridad y provocando esa violencia. Los hombres tradicionales y prudentes de esta clase no podían aceptar un mundo nuevo y diferente y pronto guardaron silencio o se convirtieron en leales a la Corona, decididos a permanecer fieles al rey y apoyar la sociedad jerárquica de la que procedían.

Declaración de independencia

A principios de 1775, el gobierno británico se preparaba para la intervención militar. Para entonces los partidarios de North y el propio rey no veían otra alternativa que la fuerza para volver a meter en vereda a los colonos. Ya en noviembre de 1774, Jorge III le había dicho a Norh que «los golpes decidirán si han de ser súbditos del país o independientes». Así pues, el gobierno británico reforzó su ejército y su armada y empezó a limitar el comercio, primero con Nueva Inglaterra y, después, con el resto de colonias.

En mayo de 1775, los delegados de las colonias se reunieron en Pensilvania en el Segundo Congreso Continental para empezar donde el anterior Congreso lo había dejado. En apariencia, el Congreso continuó con la política de resoluciones y reconciliación. En julio, a instancias de John Dickinson, el Congreso aprobó la Petición de la Rama de Olivo, que afirmaba la lealtad al rey y le pedía humildemente que rompiera con sus ministros «arteros y crueles», a quienes el Congreso culpaba de las medidas opresivas. Al mismo tiempo, se hizo pública una *Declaration of the Causes and Necessities of Taking Up Arms* (escrita en su mayor parte por Dickinson y Thomas Jefferson), en la cual se negaba que los norteamericanos tuvieran cualquier «propósito ambicioso de separarse de Gran Bretaña y establecer estados independientes». Como demostraba este soberbio resumen de la causa norteamericana contra Gran Bretaña, el tiempo para las soluciones de papel había pasado.

En abril de 1775 se iniciaron los enfrentamientos armados en Massachusetts. Como el gobierno británico estaba convencido desde hacía tiempo de que Boston era el centro de los disturbios, creyó que aislando y castigando a esa ciudad portuaria se socavaría de forma fundamental toda la resistencia colonial. Las leyes Coercitivas de 1774 descansaban sobre ese supuesto y las acciones militares británicas de 1775 fueron simplemente una continuación lógica del mismo supuesto. El gobierno británico, pensando que se enfrentaba a unas bandas dirigidas por unos cuantos instigadores sediciosos, ordenó a su comandante en Massachusetts, el general Gage, que arrestara a los cabecillas rebeldes, que desarticulara sus bases y que reafirmara la autoridad real en la colonia. El 18 y el 19 de abril de 1775, el ejército de Gage trató de incautarse de las armas y municiones rebeldes, almacenadas en Concord, una población al noroeste de Boston. Una patrulla colonial, que incluía al orfebre Paul Revere, se adelantó a los casacas rojas en su avance, advirtió a los cabecillas patriotas John Hancock y Samuel Adams para que huyeran y levantó en armas a los granjeros de la zona, los *minutemen* (milicianos que debían estar listos para la acción instantánea). No se sabe quién fue el primero en abrir fuego en Lexington, pero se intercambiaron disparos entre la milicia colonial y las tropas británicas allí y, más tarde, en la vecina Concord, donde los británicos encontraron solo unos pocos pertrechos.

Durante su larga marcha de vuelta a Boston, las nerviosas tropas británicas se vieron acosadas por las milicias de los patriotas. Al final del día, habían muerto o caído heridos doscientos setenta y tres casacas rojas y noventa y cinco patriotas, y el país ardía en plena revuelta. Desde los puestos de Charleston y Dorchester, los colonos rodearon rápidamente a los británicos asediados en Boston, haciendo dudar a las autoridades británicas de que la acción policial fuera suficiente para aplastar la rebelión.

Dos meses más tarde, en junio de 1775, los soldados británicos intentaron desalojar la fortificación de los colonos en Bunker Hill, en Charleston, para dominar Boston. Los británicos dieron por supuesto que, como dijo uno de sus generales, John Burgoyne, por muy numerosos que fueran, ninguna «chusma sin preparación» podría hacer frente a unas «tropas entrenadas». Bajo el mando del general William Howe, las fuerzas británicas lanzaron una serie de ataques frontales contra la posición norteamericana. Estos ataques tuvieron finalmente éxito, pero al terrible precio de mil bajas británicas, más del 40 por ciento de las tropas. En Bunker Hill, la primera batalla oficial de la revolución, los británicos sufrieron sus pérdidas más elevadas en lo que iba a ser una guerra larga y sangrienta. «El ejército británico nunca se había enfrentado a un enemigo menos generoso –declaró un soldado británico después de Bunker Hill–. [Los fusileros norteamericanos] se ocultan detrás de los árboles hasta que se les presenta la oportunidad de disparar contra nuestras avanzadillas, hecho lo cual se retiran inmediatamente. ¡Qué sistema más desleal de combatir!»

Cuando las noticias de la lucha llegaron a Filadelfia, el Segundo Congreso Continental asumió las responsabilidades de un gobierno central para las colonias. Creó el Ejército Continental, nombró comandante a George Washington, de Virginia, emitió papel moneda para sustentar a las tropas coloniales y formó un comité para negociar con otros países. Los norteamericanos se preparaban para hacer la guerra contra la máxima potencia del siglo XVIII.

En el verano de 1775, la escalada de acciones y reacciones estaba fuera de control. El 23 de agosto, Jorge III, desoyendo la Petición de la Rama de Olivo de los colonos, proclamó a las colonias en abierta rebelión. En octubre las acusó públicamente de tener como objetivo la independencia. En diciembre de 1775, el gobierno británico declaró que todos los buques norteamericanos podían ser confiscados por los buques de guerra británicos. En mayo del mismo año, las tropas norteamericanas habían tomado el fuerte Ticonderoga, en la cabecera del lago Champlain. En un esfuerzo por conseguir que los canadienses participaran en la lucha contra Gran Bretaña, el

Congreso ordenó que unas fuerzas improvisadas, al mando de Richard Montgomery y Benedict Arnold, invadieran Canadá, pero los colonos sufrieron una dura derrota en Quebec, en el invierno de 1775-1776. Con todas estas batallas librándose entre Gran Bretaña y sus colonias, era solo cuestión de tiempo que los norteamericanos cortaran oficialmente los lazos que todavía les unían a la metrópoli. Aunque ningún organismo oficial había refrendado la independencia, era evidente que la idea estaba en el aire.

Thomas Paine, antiguo corsetero, maestro y oficial de aduanas destituido dos veces, que había llegado a las colonias a finales de 1774, fue quien en enero de 1776 expresó la acumulada ira norteamericana contra Jorge III. En su panfleto *Common Sense,* * Paine desestimaba al rey llamándolo «Bruto Real» y exigía la independencia inmediata. «Por todos los santos, lleguemos a una separación definitiva —imploraba—. El nacimiento de un nuevo mundo está cerca.»

El sentido común fue el panfleto más incendiario y popular de toda la era revolucionaria; se hicieron veinticinco ediciones solo en 1776. En él Paine rechazaba las formas tradicionales y estilizadas de persuasión pensadas para los caballeros educados y se dirigía a nuevos lectores de los mundos artesanales y tabernarios de las ciudades. A diferencia de otros autores más refinados, Paine no adornaba su escrito con citas en latín y referencias cultas a la literatura de la cultura occidental, sino que daba por sentado que sus lectores solo conocían la Biblia y el *Book of Common Prayer*. Aunque Paine fue criticado por usar un estilo

* Trad. cast.: *El sentido común y otros escritos*, Tecnos, Madrid, 1990.

gramaticalmente incorrecto y una imaginería tosca, mostró a la gente corriente, que en el pasado no había participado apenas en la política, que las palabras rebuscadas y las citas en latín ya no importaban tanto como la honradez, la sinceridad y la expresión natural de los sentimientos.

A principios de la primavera de 1776, el Congreso abrió los puertos norteamericanos a todo el comercio extranjero, autorizó el equipamiento de corsarios para hacer presa en los enemigos de Norteamérica y se preparó para la independencia. El 4 de julio de 1776, los delegados aprobaron oficialmente la Declaración de Independencia, un documento de mil trescientas palabras escrito principalmente por la elegante pluma de Thomas Jefferson, de Virginia. En la Declaración, se hacía responsable al rey, que entonces era considerado el único vínculo que quedaba entre los colonos y Gran Bretaña, de todos los agravios que los norteamericanos habían sufrido desde 1763. El reinado de Jorge III, declaraban «ante un mundo cándido [era] una historia de repetidos agravios y usurpaciones, todos con el objeto directo de establecer una tiranía absoluta sobre estos estados».

El Congreso eliminó una cuarta parte del borrador original de Jefferson, incluyendo un pasaje en el que culpaba a Jorge III de los horrores de la trata de esclavos. Como el propio Jefferson recordaría más tarde, Carolina del Sur y Georgia pusieron objeciones a ese párrafo y algunos delegados norteños se mostraron también «un poco sensibles» sobre el tema, «porque aunque sus pueblos tengan pocos esclavos, sin embargo sí que han sido transportistas bastante considerables».

En realidad, todos los colonos habían estado envueltos en la trata de esclavos africanos. De una población total de dos millones y medio en 1776, un quinto –quinientos mil hombres, mujeres y niños– estaba sometido a la esclavitud. Virginia era el estado con más esclavos, doscientos mil, es decir, un 40 por ciento de su población. Aunque la mayoría de los esclavos estaba en manos de los sureños, la esclavitud no carecía de importancia en el norte. El 14 por ciento de la población de Nueva York eran esclavos. New Jersey y Rhode Island tenían el 8 y el 6 por ciento de sus poblaciones, respectivamente, sometido a la esclavitud hereditaria y vitalicia. La esclavitud era una institución nacional y casi todos los norteamericanos blancos se beneficiaban, directa o indirectamente, de ella. No obstante, en 1776, casi cualquier cabecilla sabía que la continuidad de su existencia vulneraba todo lo que representaba la revolución.

Pese a su fracaso en decir algo sobre ese asunto, la Declaración de Independencia seguía siendo una brillante expresión de los ideales de la Ilustración, ideales que hoy siguen reverberando con gran fuerza en la vida de los norteamericanos y de otros pueblos. «Que todos los hombres son creados iguales; que son dotados por su Creador de ciertos derechos inalienables; que entre estos están la vida, la libertad y la búsqueda de la felicidad.» Estas «verdades» parecían evidentes, incluso para los norteamericanos del siglo XVIII, divididos por enormes diferencias de posición y enfrentados a la flagrante contradicción de la esclavitud negra. La Declaración de Independencia presentó una filosofía de los derechos humanos que podía aplicarse no solo a los norteamericanos sino también a todos los pueblos de cualquier lugar. Fue esencial porque confirió a la revolución norteamericana un atractivo universal.

Asilo de la libertad

La revolución que los norteamericanos habían empezado era extraña, una revolución que no resulta fácil comprender. Una serie de leyes de comercio y la imposición de contribuciones no parecen razones suficientes como para justificar la independencia. No existía la legendaria tiranía histórica que, con frecuencia, ha empujado a unos pueblos desesperados a la rebelión. Sin embargo, en 1776, la mayoría de norteamericanos estaban de acuerdo con John Adams en pensar que se encontraban «en mitad de una revolución, la más completa, inesperada y extraordinaria de todas las de la historia de las naciones». ¿Cómo, pues, iba a explicarse y justificarse?

Los norteamericanos que tomaban en consideración todo por lo que habían pasado, no podían menos de maravillarse ante la moderación y racionalidad de su revolución. Era, en palabras de Edmund Randolph, de Virginia, una revolución «sin una opresión inmediata, sin una causa que dependiera tanto de un sentimiento apresurado como de un razonamiento teórico». Dado que los norteamericanos, como señalaba Edmund Burke en 1775, en uno de sus famosos discursos, «auguran un mal gobierno a distancia y huelen la proximidad de la tiranía en cualquier contaminada brisa», prevén los agravios incluso antes de sufrirlos. Así la revolución norteamericana siempre ha parecido ser un asunto desusadamente intelectual y conservador, llevado a cabo no para crear nuevas libertades, sino para proteger las antiguas.

Durante toda la crisis imperial los líderes patrióticos insistieron en que se rebelaban no contra los principios de la Constitución inglesa, sino en su defensa. A fin de expresar su continuidad con las grandes luchas a favor de la libertad política libradas en Inglaterra, invocaron las denominaciones de los partidos ingleses históricos y se llamaron *whigs*, mientras etiquetaban a los partidarios de la Corona como *tories*. Al insistir en que era la letra y el espíritu de la Constitución inglesa lo que justificaba su resistencia, a los norteamericanos les resultaba fácil pensar que se limitaban a proteger lo que los propios ingleses valoraban desde el principio de su historia.

Sin embargo, los colonos se equivocaban al creer que solo luchaban por volver a los puntos fundamentales de la Constitución inglesa. Los principios que defendían no eran los mismos sustentados por la clase dominante inglesa a mediados del siglo XVIII. En realidad, los principios norteamericanos eran, como los conservadores y los funcionarios reales trataban de señalar, «principios revolucionarios» ajenos al pensamiento inglés tradicional. Dado que, al parecer, los colonos leían los mismos escritos que los demás ingleses, no eran conscientes de que veían la tradición inglesa de forma diferente. Pese a la amplitud de sus lecturas y referencias, se concentraban en un conjunto de ideas que acabaron dándoles una noción peculiar de la vida inglesa y una perspectiva extraordinariamente radical de la Constitución inglesa que tan fervientemente defendían.

El patrimonio de ideas liberales en el que se inspiraban los colonos no se componía solo de los tratados políticos de notables filósofos como John Locke, sino también de los escritos de panfletistas de café dieciochescos como John Trenchard y Thomas Gordon. En realidad, durante la primera mitad del siglo, muchas de las principales figuras literarias de Inglaterra, como Alexander Pope y Jonathan Swift, escribían movidos por un sentimiento de profunda y amarga hostilidad hacia los grandes cambios políticos, sociales y económicos que tenían lugar a su alrededor. Estos críticos pensaban que los valores tradicionales se estaban corrompiendo y que Inglaterra estaba amenazada con la ruina debido a la mercantilización general de la vida inglesa, como se veía en el auge de instituciones como el Banco de Inglaterra, las poderosas sociedades anónimas, los mercados bursátiles y la enorme deuda pública. Convencidos de que la Corona era la responsable última de estos cambios, muchos de esos escritores defendían una llamada oposición «rural» a la falsedad y lujo de la «corte», que asociaban con la Corona y sus redes de influencia.

Esta oposición rural tenía una larga y complicada historia. Se remontaba, por lo menos, hasta principios del siglo XVII y la oposición puritana a la Iglesia establecida y las cortes de los primeros reyes Estuardo, Jacobo I y Carlos I. La guerra civil inglesa de mediados del siglo XVII puede interpretarse, en parte, como un levantamiento de la pequeña nobleza rural, que representaba a los condados o el «campo» de Inglaterra en la Cámara de los Comunes, contra la «corte» que rodeaba a la Iglesia de Inglaterra y al rey. Esa oposición lugareña y rural frente a las autoridades centrales, tan distantes, era un tema recurrente en la historia inglesa y continuaría siéndolo en la de Norteamérica.

En el mundo anglonorteamericano del siglo XVIII, los autores pertenecientes a esta tradición de oposición rural temían especialmente que el poder ejecutivo, particularmente tal como funcionaba bajo la gestión ministerial de sir Robert Walpole, corrompiera al Parlamento y a la sociedad inglesa a fin de erigir un estado militar y fiscal con fines bélicos. Durante toda la primera mitad del siglo, estos defensores de la libertad política presentaron resonantes propuestas para reducir y controlar lo que parecían ser unos poderes tremendamente ampliados de la Corona. Su objetivo era recuperar los derechos del pueblo y los principios originales de la Constitución inglesa.

Muchas de las reformas que proponían eran muy avanzadas para su tiempo; reformas que abogaban por el derecho al voto para todos los hombres adultos y no solo para los propietarios adinerados, más libertad de prensa y mayor libertad religiosa. Otras reformas planteadas apuntaban a prohibir que los «funcionarios públicos» asalariados del gobierno se sentaran en la Cámara de los Comunes, reducir la deuda pública y obtener derechos populares como una representación igualitaria para más personas, el poder de dar instrucciones a los miembros del Parlamento y unos períodos parlamentarios más cortos. Todas estas propuestas reformistas se combinaban para formar una idea ampliamente compartida de cómo debería organizarse idealmente la vida política de Inglaterra. En esta nación ideal, las diferentes partes de la Constitución serían independientes una de otra y los miembros del Parlamento serían independientes de cualquier «conexión» o partido. En otras palabras, existiría un mundo político en el cual ningún hombre debería nada a ningún otro hombre.

Hacía tiempo que los norteamericanos sentían con más fuerza que los propios ingleses la importancia de estas ideas «rurales». Eran ideas que ayudaban a explicar el carácter sencillo de la vida norteamericana en contraste con la complejidad de Inglaterra; sin embargo, al mismo tiempo, justificaban el persistente antagonismo de los colonos hacia el poder real. En los conflictos entre las asambleas coloniales y los gobernadores reales en la primera mitad del siglo XVIII, los norteamericanos invocaban esas ideas una y otra vez. No obstante, entonces, en los años posteriores a 1763, la necesidad de explicar la creciente controversia con Gran Bretaña prestó a esta ideología una nueva y absoluta importancia. No solo preparó a los colonos intelectualmente para la resistencia, sino que, además, les ofreció una poderosa justificación de las muchas diferencias que los separaban de lo que parecía una madre patria degenerada y corrupta.

Estas ideas heredadas contenían un elaborado conjunto de normas para que el pueblo ejerciera la acción política. ¿Cómo iba el pueblo a identificar a un tirano? ¿Durante cuánto tiempo iba el pueblo a soportar los abusos? ¿Cuánta fuerza debía usar? Las respuestas a estas preguntas llegaron lógicamente conforme se desarrollaban los acontecimientos y llevaron a los colonos, de forma casi irresistible, de la resistencia a la rebelión. Paso a paso, los colonos se convencieron de que los odiosos esfuerzos de los funcionarios de la Corona para reformar el imperio no eran únicamente el resultado de su insensibilidad hacia unas condiciones exclusivas de Norteamérica ni errores de una política bienintencionada; antes al contrario, empezaron a ver dichas reformas como la consecuencia deliberada de un grandioso propósito de tiranía. En palabras de Thomas Jefferson, las reformas británicas no eran otra cosa que «un plan sistemático y deliberado para reducirnos a la esclavitud».

Los colonos creían que Norteamérica era el objetivo primordial de esta conspiración tiránica, pero sus metas estaban más allá de las colonias. Los norteamericanos se sentían implicados no solo en la defensa de sus propios derechos, sino también en la lucha mundial por la salvación de la libertad misma. Cuando consideraban los últimos siglos de la historia europea, lo único que veían eran los esfuerzos de los monarcas de todos los países por aumentar el poder del Estado a fin de obtener más dinero de sus súbditos para gastarlo en sus campañas bélicas. A finales de los años sesenta, la tiranía de la Corona parecía ir ganando terreno, incluso en la propia Inglaterra. Los norteamericanos ya habían leído todo lo concerniente sobre el procesamiento del radical inglés John Wilkes por criticar al gobierno de Su Majestad en el número 45 de su *North Briton* y habían convertido ese número en parte de su simbolismo político. Luego, en 1768, las cuatro expulsiones seguidas de Wilkes de una corrupta Cámara de los Comunes, pese a su repetida reelección por parte de sus electores, señalaron para muchos norteamericanos el ocaso del gobierno representativo en Gran Bretaña. Parecía que, en todas partes, la libertad estaba en retirada frente a las fuerzas de la tiranía. La lucha de los Hijos de la Libertad en Irlanda por conseguir concesiones constitucionales fue aplastada. Los intentos del luchador de la libertad Pascal Paoli y sus seguidores por lograr la independencia de Córcega frente a Francia en los años sesenta acabaron en fracaso. Cuando los norteamericanos se enteraron de estos reveses, se convencieron de que Norteamérica era el único lugar donde seguía existiendo una prensa popular libre y donde el pueblo todavía podía elegir unos representantes que hablaban en su nombre y solo en su nombre.

Al llegar 1776, se había completado su imagen de la

inmensa batalla en la que estaban inmersos. Y respondieron con entusiasmo, como personas que aman la libertad y odian la tiranía, al apasionado llamamiento hecho por Thomas Paine en *El sentido común* para que dieran un paso adelante por la libertad:

> Todos los lugares del viejo mundo están invadidos por la opresión. La libertad es perseguida en todo el globo. Asia y África hace tiempo que la han expulsado. Europa la mira como si fuera una extraña, Inglaterra le ha dado una advertencia para que parta. ¡Ah, recibid a la fugitiva y preparad a tiempo un asilo para la humanidad!

4

La gestación de la Constitución y la guerra

En el momento en que, en 1774, la autoridad de la Corona empezó a desintegrarse, los norteamericanos empezaron a pensar en crear nuevos órganos de gobierno. Como afirmó John Jay, de Nueva York, sabían que eran «el primer pueblo a quien el cielo ha favorecido con la oportunidad de deliberar y elegir formas de gobierno bajo las que vivir». Y pensaban aprovechar al máximo esa oportunidad. Durante el verano de 1775, Samuel Adams y John Adams, de Massachusetts, junto con la delegación enviada por Virginia al Congreso Continental, dirigida por Richard Henry Lee, elaboraron un programa para la independencia. Trazaron planes para negociar alianzas extranjeras y, lo más importante, para establecer nuevos gobiernos estatales.

Constituciones de los estados

El clímax de sus esfuerzos llegó con las resoluciones del Congreso de mayo de 1776, en las que se recomendaba a las colonias que adoptaran nuevos órganos de gobierno «bajo la autoridad del pueblo» y declaraban que «el ejercicio de cualquier tipo de autoridad bajo [...] la Corona debía quedar totalmente suprimido». Incluso antes de la Declaración de Independencia, el Congreso había creado un comité para formar una confederación y algunos de los estados –New Hampshire, Carolina del Sur y Virginia– habían empezado a trabajar en sus nuevas constituciones. Con las resoluciones de mayo y la Declaración de Independencia, otros estados iniciaron también las tareas para formar nuevos gobiernos. Para finales de 1776, New Jersey, Delaware, Pensilvania, Maryland y Carolina del Norte habían adoptado nuevas constituciones. Al ser colonias con carta real como sociedades comerciales, Rhode Island y Connecticut ya eran repúblicas de hecho y se limitaron a eliminar cualquier mención a la autoridad real en sus fueros. Los avatares de la guerra forzaron a Georgia y Nueva York a retrasar la redacción de su constitución hasta 1777. Massachusetts había recuperado su antigua Carta, que los británicos habían abolido en 1774, y estaba preparando activamente una constitución más permanente.

En 1776-1777, los norteamericanos concentraron buena parte de su atención y energía en establecer las nuevas constituciones de los estados. Eran estos estados, y no el gobierno central o el Congreso, quienes iban a poner a prueba las esperanzas revolucionarias. De hecho, la formación de los nuevos órganos de gobierno de cada estado era, como dijo Jefferson en la primavera de 1776, «precisamente el objeto de la presente controversia». Porque la meta de la revolución ya no era la simple independencia de la tiranía británica, sino la prevención de futuras tiranías.

Era inevitable que los norteamericanos prepararan documentos escritos. Con la palabra *constitution* la mayoría de ingleses del siglo XVIII no se referían a un documento escrito, sino al acuerdo de gobierno existente; es decir, las leyes, costumbres e instituciones, junto con los principios que encarnaban. No obstante, los norteamericanos habían llegado a entender una constitución de forma diferente. Desde el siglo XVII habían utilizado repetidamente las cartas coloniales como barreras defensivas contra la autoridad real. Durante el debate imperial con Gran Bretaña se habían visto forzados a reconocer que las leyes elaboradas por el Parlamento no eran necesariamente constitucionales ni estaban de acuerdo con los principios fundamentales del derecho y la justicia. Si había que proteger los principios constitucionales frente a una poderosa legislatura soberana, entonces había que sacarlos, de algún modo, de la maquinaria del gobierno cotidiano y situarlos por encima de este. Las nuevas constituciones estatales tendrían que ser, por tanto, disposiciones fijas —documentos individuales escritos, como siempre había sido la Constitución inglesa— que detallaran los poderes del gobierno y especificaran los derechos de los ciudadanos.

Al redactar sus nuevas constituciones, los norteamericanos se dispusieron a institucionalizar todo lo que habían aprendido de su experiencia colonial y del reciente enfrentamiento con Inglaterra. Aunque sabían que iban a establecer repúblicas, ignoraban qué forma precisa iban a adoptar los nuevos gobiernos. Su principal objetivo era impedir que el poder, que identificaban con los dirigentes o gobernadores, cercenara la libertad, que identificaban con el pueblo o sus representantes en los cuerpos legislativos. Solo este profundo temor al poder gubernativo o ejecutivo puede explicar los cambios radicales que aplicaron en la autoridad de sus gobernadores, que ya eran elegidos.

En su deseo de erradicar la tiranía de una vez por todas, los miembros de las convenciones de los estados que elaboraron las nuevas constituciones despojaron a los nuevos gobernadores electos de gran parte del poder que habían ejercicio los nombrados por la Corona. Ya no tendrían autoridad para crear distritos electorales, controlar la reunión de las asambleas, vetar leyes, conceder tierras, establecer tribunales, expedir células de incorporación a ciudades ni, en algunos estados, perdonar delitos. La Constitución de Pensilvania, que era la más radical de todas, eliminaba directamente al gobernador. Los artífices de las constituciones rodearon a los nuevos gobernadores estatales de juntas de control, cuyos miembros eran elegidos por las asambleas. Los debilitados gobernadores serían elegidos anualmente (generalmente por las asambleas), estarían limitados en cuanto a las veces en que podían ser reelegidos y podrían ser sometidos a *impeachement* (acusación por delitos cometidos en el desempeño de sus funciones).

Por radicales que fueran estos cambios en la autoridad ejecutiva, muchos norteamericanos creían que no alcanzaban el núcleo del problema ni destruían la causa más insidiosa y peligrosa de despotismo, o sea, el poder del ejecutivo para efectuar nombramientos para un cargo. Dado que en la sociedad monárquica tradicional, la distribución de cargos, honores y favores afectaba el orden social, los norteamericanos estaban decididos a que sus gobernadores no dispusieran nunca más de esa capacidad para dominar la vida pública. Así pues, los artífices de las constituciones les retiraron el control exclusivo de los nombramientos a cargos ejecutivos y judiciales y se lo otorgaron, en gran parte, al poder legislativo. Este cambio estaba justificado por el principio de la separación de poderes, una doctrina que Montesquieu había hecho famosa a mediados del siglo XVIII. La idea que había detrás de mantener separadas y distintas las partes ejecutiva, legislativa y judicial del gobierno no era proteger a cada una de los otras, sino mantener el poder judicial y especialmente el legislativo libres de la manipulación del ejecutivo; esa clase de manipulación que, en opinión de los norteamericanos, era precisamente lo que había corrompido al Parlamento inglés. De ahí que las nuevas constituciones impidieran totalmente el acceso al poder legislativo a todos aquellos que tuvieran un cargo ejecutivo. Como consecuencia, el gobierno de gabinete parlamentario del tipo existente en Inglaterra quedó prohibido para siempre en Norteamérica y el desarrollo constitucional tomó una dirección enteramente independiente de Gran Bretaña, una dirección que los gobiernos actuales todavía siguen.

La entrega a las asambleas populares de los poderes que se habían retirado a los gobernadores señaló un giro radical en las responsabilidades del gobierno. En la historia inglesa, se había identificado el «gobierno» exclusivamente con la Corona o el ejecutivo. El órgano representativo del Parlamento había quedado, por lo general, confinado a votar impuestos, aprobar leyes correctivas que modificaban la ley común y proteger los derechos de los súbditos. Pero las nuevas asambleas norteamericanas de cada estado, en particular las populares cámaras bajas de las asambleas, ya no eran meras adjuntas o controladoras del poder gubernamental. A partir de entonces tenían poderes o prerrogativas que antes habían pertenecido exclusivamente a la Corona o a los altos magistrados, entre ellas la formación de alianzas con el extranjero y la concesión de indultos. Esta transferencia de casi toda la autoridad política a los representantes del pueblo en la rama popular de las asambleas llevó a algunos norteamericanos, como Richard Henry Lee, a observar que sus nuevos gobiernos eran «de una clase muy democrática, [aunque] se admite un gobernador y un segundo poder legislativo». En 1776, muchos seguían pensando en la democracia como un término técnico de la ciencia política que hacía referencia al gobierno del pueblo exclusivamente en las cámaras bajas de las asambleas; la presencia de senados aristocráticos y gobernadores al estilo monárquico hacía que las constituciones de los estados no fueran simples democracias sino gobiernos mixtos como el de Inglaterra con su rey, su Cámara de los Lores y su Cámara de los Comunes, la cual era la única instancia representativa y democrática de la Constitución inglesa.

Para garantizar que las asambleas de los estados encarnaran plenamente la voluntad del pueblo, se redactaron y pusieron en práctica las ideas y experiencia que había detrás de la idea de representación que tenían los norteamericanos. Las constituciones de los estados revolucionarios hacían hincapié en la representación propiamente dicha y en lo explícito del consentimiento. Lo ponían en práctica creando distritos electorales iguales, exigiendo elecciones anuales, ampliando el sufragio, imponiendo requisitos residenciales tanto para los electores como para los elegidos y reconociendo a los electores el derecho a dar instrucciones a sus representantes. Los anteriores intentos de los gobernadores reales para resistirse a ampliar la representación a zonas recién colonizadas quedaban a partir de entonces revocados de forma espectacular. Se otorgaba a ciudades y condados, particularmente en el interior, una representación nueva o adicional en las asambleas legislativas del estado. Así, los norteamericanos reconocían la legitimidad de los levantamientos occidentales de los años sesenta y setenta. Cinco estados incluso afirmaron que la población debía ser la base de la representación e hicieron constar en sus constituciones planes específicos para ajustar periódicamente esa representación, de forma que, como dice la Constitución de Nueva York de 1777, «siga siendo siempre proporcionada y adecuada».

La confianza de los revolucionarios de 1776 en sus asambleas representativas populares era notable. Salvo los *tories* y los leales a la Corona contrariados, pocos norteamericanos pensaban que las asambleas estatales pudieran convertirse en tiránicas; en la teoría política de los *whigs* no parecía posible que el pueblo se tiranizara a sí mismo. La idea, decía John Adams en 1775, era ilógica, «un despotismo democrático es una contradicción en los términos». Por supuesto, el pueblo es propenso a conductas licenciosas o alocadas; de ahí que las repúblicas necesitaran no solo gobernadores, sino también cámaras altas para equilibrar a las cámaras bajas de representantes. Por tanto, todos los estados, salvo Pensilvania, Georgia y el nuevo estado de Vermont, previeron cámaras altas o senados, una designación tomada de la historia romana. Los senadores de estas asambleas bicamerales serían la versión republicana de los miembros de la Cámara de los Lores inglesa; no representarían a los electores, sino que serían los más sabios y mejores, la aristocracia natural de cada estado, quienes revisarían y corregirían las medidas bienintencionadas pero, con frecuencia, descuidadas del pueblo representado en las cámaras bajas. Aunque en la mayoría de estados el pueblo elegía a sus senadores, en 1776 seguía pensándose que solo estaba representado en las cámaras bajas, al igual que el pueblo de Inglaterra solo estaba representado en su Cámara de los Comunes. En otras palabras, el proceso de elección no era considerado todavía el criterio de representación.

Artículos de la Confederación

Al mismo tiempo que redactaban sus constituciones estatales, los revolucionarios preparaban un gobierno central. Sin embargo, y en fuerte contraste con el rico y apasionante análisis de la teoría política que acompañó la formación de las constituciones estatales, hubo pocas discusiones sobre los planes para un gobierno central. Cualesquiera que fueran los sentimientos de nacionalismo norteamericano existentes en 1776, palidecían ante la lealtad del pueblo hacia su propio estado. Aunque Estados Unidos era nuevo, la mayoría de estados existían desde hacía un siglo o más y habían desarrollado símbolos y tradiciones que los vinculaban emocionalmente. Cuando en 1776 la gente hablaba de su «país» o incluso de su «nación», solían referirse a Virginia, Massachusetts o Pensilvania. Aunque la Declaración de Independencia fue redactada por el Congreso Continental, en realidad era una declaración hecha por «trece Estados de América unidos», que proclamaban que «como Estados libres e independientes tienen pleno poder para hacer la guerra, concertar la paz, contraer alianzas, establecer el comercio y efectuar los actos y providencias que los Estados independientes pueden hacer por derecho». Pese a todo lo que se hablaba de unión, pocos norteamericanos de 1776 podían concebir la idea de crear una única república continental con todas las de la ley.

Sin embargo, el Congreso necesitaba alguna base legal para su autoridad. Al igual que las diversas convenciones provinciales, había sido creado en 1774 simplemente por necesidad y ejercía un grado extraordinario de poder político, militar y económico sobre los norteamericanos. El Congreso había formado y mantenido un ejército, emitido una moneda continental, erigido un código de leyes militares, definido los delitos contra la unión y negociado con otros países. Con la independencia, a muchos dirigentes les parecía evidente que era necesaria una unión más permanente y legítima de los estados. Aunque ya a mediados de julio había un anteproyecto de confederación listo para ser considerado por el Congreso, hubo que esperar hasta noviembre de 1777, y después de acaloradas polémicas, para que el Congreso presentara, por fin, un documento de unión a los estados para que lo aprobaran o rechazaran. Fueron necesarios casi cuatro años más, hasta marzo de 1781, para que todos los estados lo aceptaran, instituyendo así legalmente los Artículos de la Confederación.

Los Artículos creaban una confederación llamada «Estados Unidos de América» que era, en esencia, la continuación del Segundo Congreso Continental. El Congreso tenía la autoridad, ejercida anteriormente por la Corona británica, para controlar las relaciones diplomáticas, requerir soldados y dinero a los estados, acuñar y tomar prestado dinero, regular los asuntos indios y resolver las disputas entre estados. Aunque para resolver asuntos menores bastaba una mayoría simple de siete estados, se necesitaba una mayoría amplia, de nueve estados, para resolver cuestiones importantes, entre ellas, entrar en guerra, firmar tratados y acuñar y tomar prestado dinero. No había un auténtico poder ejecutivo, sino solo una serie de comités del Congreso con una participación fluctuante.

La Unión era más fuerte de lo que muchos esperaban. Se prohibía a los estados que se ocuparan de los asuntos exteriores, hicieran tratados y declararan la guerra. Los ciudadanos de cada estado tenían derecho a los mismos privilegios e inmunidades del conjunto de la población. Se eliminaron todas las restricciones a viajar de un estado a otro y todas las barreras discriminadoras al comercio entre estados. En todos los estados se hacía honor a los procedimientos judiciales de cada uno. Estas disposiciones, unidas a los importantes poderes concedidos al Congreso, hacían que Estados Unidos de América fuera una confederación republicana tan fuerte como cualquier otra parecida en la historia.

Sin embargo, los temores norteamericanos a una lejana autoridad central, agudizados por un siglo de experiencia dentro del Imperio británico, no dejaban duda alguna de que esta Confederación era algo muy diferente de un verdadero gobierno nacional. Según los Artículos, los poderes fundamentales de regulación comercial y fijación de impuestos —en realidad, la autoridad total y definitiva en la elaboración de las leyes— quedaban en manos de los estados. Las resoluciones del Congreso continuaban siendo, como lo habían sido bajo el Congreso Continental, solo recomendaciones que se suponía que los estados ejecutarían. Por si quedara alguna duda sobre la naturaleza descentralizada de la Confederación, el Artículo 2 declaraba tajantemente que «cada estado conserva su soberanía, libertad e independencia y todo el poder, jurisdicción y derechos que no sean expresamente delegados por esta Confederación a los Estados Unidos, reunidos en congreso».

Así pues, «Estados Unidos de América» poseía un sentido literal que resulta difícil de apreciar hoy. La Confederación se parecía más a una alianza entre estados soberanos en estrecha colaboración que a un único gobierno, algo no muy diferente de la actual Unión Europea. Cada estado enviaba anualmente una delegación (llamada por algunos estados «nuestra embajada») al Congreso de la Confederación y cada delegación tenía un único voto. Se quería que la Confederación fuera y siguiera siendo, como declaraba el Artículo 3, «una firme liga de amistad» entre estados celosos de su individualidad. No solo la ratificación de los Artículos de la Confederación, sino cualquier cambio subsiguiente en el documento exigía el consentimiento de todos los estados.

Los intereses propios de cada estado prolongaron los debates del Congreso sobre la adopción de los Artículos y demoraron su ratificación unánime hasta 1781. Las principales disputas, respecto a la representación, la determinación de la contribución de cada estado a la Unión y la disposición de las tierras del oeste, se referían a intereses estatales concretos. Virginia y otros estados populosos defendían la representación proporcional en el Congreso, pero tuvieron que ceder ante la decisión de los estados más pequeños de mantener una representación igual por estado en el Congreso unicameral. Después de mucho tira y afloja sobre la base de la contribución económica de cada estado a la hacienda general, la Confederación se decidió por la proporción de habitantes de cada estado, en la que los esclavos contaban como tres quintas partes de una persona.

La rivalidad entre estados se hizo especialmente patente en la distribución de las tierras occidentales, entre los montes Apalaches y el río Mississippi. Los Artículos enviados a los estados en 1778 para su ratificación no daban al Congreso autoridad alguna sobre las tierras no colonizadas del interior y esta omisión retrasó su aprobación. Estados como Virginia y Massachusetts, con antiguas concesiones sobre esos territorios, querían conservar el control sobre la disposición de las tierras. Pero otros estados que no tenían esas concesiones, como Maryland y Rhode Island, querían que se hiciera con ellas un fondo nacional común, bajo la autoridad del Congreso. Solo en 1781, después de que Virginia, el estado con derechos concedidos sobre la mayor extensión del territorio occidental, aceptara finalmente ceder sus derechos a Estados Unidos quedó el camino despejado para otras cesiones de tierras y para que todos los estados ratificaran los Artículos de la Confederación. Pero la Confederación tuvo que prometer, a cambio de esas cesiones de derechos, que el dominio nacional «sería colonizado y formado en distintos estados republicanos».

El Congreso redactó ordenanzas territoriales en 1784 y 1785 que preveía que el Territorio del Noroeste sería medido y formado en municipios claros y ordenados. En 1787, adoptó la famosa Ordenanza del Noroeste que reconocía, algo que los británicos no habían hecho en los años sesenta, el destino de los colonos en el oeste. En las décadas siguientes, la Ordenanza Territorial de 1785 y la de 1787 fueron la base de la venta y evolución política de los territorios occidentales de Norteamérica.

Dejando a un lado el triunfo en la guerra de la Independencia, la Ordenanza del Noroeste de 1787 fue el máximo logro del Congreso de la Confederación. Creó una noción de imperio totalmente nueva y, de un plumazo, resolvió el problema de referir las dependencias coloniales a la autoridad central, algo que Gran Bretaña había sido incapaz de lograr en los años sesenta y setenta. Cuando las monarquías de los inicios de la Europa moderna reivindicaban nuevos dominios por medio de la conquista o la colonización, era inevitable que consideraran estas nuevas adiciones provinciales como algo permanentemente periférico e inferior al centro metropolitano del reino. Pero la Ordenanza del Noroeste, que se convirtió en modelo para el desarrollo de buena parte del sudoeste, prometía acabar para siempre con esas colonias de segunda clase. La Ordenanza garantizaba a los colonizadores derechos legales y políticos básicos y establecía el principio sin precedentes de que los nuevos estados fundados en el oeste entrarían en la Unión «en igualdad de condiciones que los estados originales, en todos sus aspectos». Los colonos podían abandonar los estados más antiguos con la seguridad de que no perderían sus libertades políticas y de que, llegado el momento, se les permitiría formar nuevas repúblicas tan soberanas e independientes como los otros estados de la Unión. Con un principio así, era de presumir que no habría límites a la expansión del imperio de Estados Unidos hacia el oeste.

La guerra de la Independencia

Por, importante que la elaboración de las constituciones de los estados y de la Unión les pudiera parecer a los revolucionarios, no significarían nada si no se conseguía la independencia. Cuando Gran Bretaña decidió imponer su autoridad por medio del ejército, los norteamericanos supieron que tenían que levantarse en armas para apoyar sus creencias y esperanzas de futuro. Durante más de un año antes de la Declaración de Independencia, las fuerzas norteamericanas y británicas habían estado en guerra, una guerra que iba a durar casi ocho años, el conflicto más largo de la historia norteamericana hasta la guerra de Vietnam, dos siglos más tarde.

La guerra por la independencia atravesó una serie de fases distintas, creciendo y extendiéndose hasta que lo que, a ojos de los británicos, había empezado como un fallo de la autoridad gubernamental en una sección del imperio se convirtió en un conflicto mundial. Por vez primera en el siglo XVIII, Gran Bretaña se encontró aislada diplomáticamente y, en un momento dado, en 1779, incluso sufrió la amenaza de una invasión francesa. La guerra por la independencia norteamericana acabó, así, convirtiéndose en un importante episodio de la larga lucha de Gran Bretaña contra Francia por la supremacía global, un enfrentamiento que se remontaba a un siglo atrás y que continuaría durante otra generación hasta el siglo XIX.

Las tropas británicas habían sufrido fuertes pérdidas en sus primeros choques con las milicias norteamericanas de Massachusetts en la primavera de 1775, en Lexington y Concord y, especialmente, en la sangrienta batalla de

Bunker Hill. Esta experiencia inicial convenció al gobierno británico de que no se enfrentaba simplemente a una turba de Nueva Inglaterra y barrió casi cualquier objeción que los miembros del gabinete tuvieran contra la conquista de las colonias. Durante el verano de 1775, el Segundo Congreso Continental nombró catorce generales, autorizó la invasión de Canadá y organizó un ejército de campaña bajo el mando de George Washington. Consciente de que las colonias sureñas desconfiaban del fanatismo de Massachusetts, John Adams presionó para que se eligiera al coronel de la milicia virginiana, que tenía cuarenta y tres años, como comandante en jefe. Fue una elección inspirada. Washington, que asistía al Congreso de uniforme, tenía el aspecto adecuado; era alto y sereno, con un digno aire militar que inspiraba confianza. Como dijo un congresista: «No era un tipo que actuara alocadamente, que despotricara y jurara, sino alguien sobrio, firme y calmado».

Todas estas medidas del Congreso confirmaron al gobierno británico que ahora estaba envuelto en una acción militar en lugar de policial. Esta nueva visión de a qué se enfrentaba dictó una política militar dieciochesca convencional, consistente en maniobras y batallas entre ejércitos organizados.

Este cambio de estrategia exigía que Gran Bretaña sacara sus efectivos de Boston y transfiriera sus principales fuerzas a Nueva York, cuya población se presumía era más favorable y que contaba con un puerto superior y una posición central. En consecuencia, en el verano de 1776, sir William Howe, que sustituyó a Gage como comandante en jefe del ejército británico en Norteamérica, arribó al puerto de Nueva York con una fuerza de más de treinta mil hombres. Howe tenía intención de aislar a Nueva Inglaterra de los otros rebeldes y derrotar al ejército de Washington en una batalla decisiva. Iba a pasar los dos años siguientes tratando de llevar a cabo este plan.

Según todas las apariencias, un enfrentamiento militar prometía todas las ventajas para Gran Bretaña. Era la nación más poderosa de la tierra, con una población de unos once millones, comparada con los dos millones y medio de colonos, un quinto de los cuales eran esclavos negros. La armada británica era la mayor del mundo y casi la mitad de sus buques participaron inicialmente en el conflicto con Norteamérica. El ejército era una fuerza profesional bien entrenada que en un momento dado, en 1778, llegó a tener cerca de cincuenta mil soldados estacionados solo en Norteamérica, a los cuales se añadieron más de treinta mil mercenarios alemanes durante la contienda.

Para enfrentarse a ese poder militar, los norteamericanos tenían que empezar de la nada. El Ejército Continental que crearon solía constar de menos de cinco mil hombres, complementados por unidades de las milicias estatales de diferentes tamaños. En la mayoría de casos, unos oficiales inexpertos, no profesionales, servían como jefes militares. Washington, el comandante en jefe, por ejemplo, solo había sido coronel de regimiento en la frontera virginiana y tenía poca experiencia de primera mano en el combate. No sabía nada de mover grandes masas de soldados y nunca había dirigido un asedio a una posición fortificada. Muchos de sus oficiales habían salido de las capas medias de la sociedad y no podía decirse que fueran caballeros tradicionales. Había posaderos convertidos en capitanes y zapateros en coroneles, como exclamó, asombrado, un oficial francés. Es más, «Sucede con frecuencia que los norteamericanos preguntan a los oficiales franceses qué oficio tienen en Francia». No es de extrañar, pues, que la mayoría de los oficiales británicos pensara que el ejército norteamericano no era «más que una banda despreciable de vagabundos, desertores y ladrones» incapaces de rivalizar con los casacas rojas de Su Majestad. Un general británico llegó a alardear de que con mil granaderos podía «ir de un extremo al otro de Norteamérica y castrar a todos los hombres, en parte por la fuerza y en parte con un poco de persuasión».

Sin embargo, ese contraste de número y capacidad era engañoso, porque las desventajas británicas eran inmensas, quizá abrumadoras, incluso al principio cuando sus posibilidades de aplastar la rebelión fueron mayores. Gran Bretaña tenía que conducir la guerra desde el otro lado del Atlántico, a cinco mil kilómetros de distancia, con los consiguientes problemas de comunicaciones y logística; incluso aprovisionar al ejército con comida era un problema. Al mismo tiempo, tenía que hacer una guerra absolutamente diferente a la que cualquier país hubiera librado en el siglo XVIII. Un ejército bien entrenado quizá habría logrado vencer a las fuerzas norteamericanas, pero, como observó un oficial francés al final, la propia Norteamérica era inconquistable. La enorme extensión del territorio hacía que las maniobras y operaciones convencionales fueran difíciles y engorrosas. El carácter local y fragmentario de la autoridad en Norteamérica inhibía cualquier acción decisiva por parte de los británicos. No había ningún centro neurálgico con cuya captura se pudiera lograr aplastar la rebelión. Los generales británicos acabaron por decidir que su principal objetivo debía ser enfrentarse al ejército de Washington en una batalla, pero, como dijo el comandante en jefe británico, no sabían cómo hacerlo, «ya que el enemigo se mueve con mucha más celeridad de la que nosotros somos capaces».

Washington, por su parte, comprendió desde el principio que, por el lado norteamericano, la guerra tenía que ser defensiva. «En todas las ocasiones debemos evitar una acción general –dijo ante el Congreso en septiembre de 1776– o arriesgar nada, a menos que nos veamos obligados por una necesidad a la cual no deberíamos vernos arrastrados.» Aunque nunca se vio como cabecilla guerrillero y se concentró todo el tiempo en crear un ejército profesional con el cual solía sentirse ansioso de enfrentarse a los británicos en una batalla abierta, en realidad, sus tropas pasaban buena parte del tiempo librando escaramuzas con el enemigo, acosándolo y privándole de comida y avituallamiento siempre que era posible. En esas circunstancias, la dependencia de los norteamericanos de unas fuerzas de la milicia no profesionales y la debilidad de su ejército organizado los convertían, como dijo un oficial suizo, en más peligrosos que «si tuvieran un ejército regular». Los británicos no comprendieron nunca a qué se enfrentaban; esto es, a un conflicto revolucionario que contaba con un apoyo generalizado de la población. Por ello, continuamente subestimaban el aguante de los rebeldes y sobreestimaban la fuerza de los colonos leales a la Corona. Al final, la independencia acabó significando más para los norteamericanos que la reconquista para los ingleses.

Desde el principio, el objetivo inglés no podía ser tan simple y netamente definido como el deseo que tenían los norteamericanos de alcanzar la independencia. La conquista, por sí misma, no podía restaurar las relaciones políticas ni la armonía imperial. Muchas personas en Inglaterra eran reacias a entablar una guerra civil y varios oficiales se negaron a servir en Norteamérica por motivos de conciencia. Aunque el rey, el grueso del Parlamento y la mayoría de miembros del gabinete inglés estaban decididos a someter a Norteamérica por la fuerza, los comandantes británicos nombrados en 1775 nunca compartieron esos impulsos dominantes para la coacción abierta. Estos comandantes –sir William Howe y su hermano el almirante lord Richard Howe, que mandaba la armada– se veían no solo como conquistadores sino como pacificadores. En realidad, habían sido autorizados por lord North para buscar una solución política mientras sofocaban la rebelión por la fuerza. En consecuencia, interrumpían sus operaciones militares para tantear a Washington y al Congreso Continental respecto a la paz y trataban de evitar el saqueo y devastación del campo y los puertos por miedo a destruir las esperanzas de llegar a una reconciliación. Esta «manera sentimental de hacer la guerra», como dijo lord George Germain, jefe de la Secretaría Norteamericana, debilitaba la moral de los oficiales y las tropas británicas y dejaba a los colonos leales a la Corona confusos y desilusionados.

La política de los hermanos Howe no fue tan ineficaz al principio como parecería más tarde. Después de derrotar a Washington en Long Island, en agosto de 1776, y obligarlo a abandonar Nueva York en el otoño del mismo año, el general Howe hizo que emprendiera una retirada sin orden ni concierto hacia el sur. En lugar de perseguirlo al otro lado del río Delaware, Howe recurrió a una ocupación gradual de New Jersey. Extendió sus líneas y desplegó guarniciones en media docena de ciudades por toda la zona, con el objetivo de convencer a los rebeldes de que el ejército británico era invencible. Los milicianos leales a la Corona salieron de sus escondites y, por medio de una serie de feroces enfrentamientos con los patriotas, empezaron a hacerse con el control de la zona norte de New Jersey. Casi cinco mil norteamericanos, entre ellos uno de los firmantes de la Declaración de Independencia, acudieron a Howe para aceptar su oferta de indulto y jurar lealtad a la Corona. A finales de 1776, las perspectivas norteamericanas de ganar la guerra estaban en su punto más bajo. Como escribió Thomas Paine, eran «tiempos que ponen a prueba el espíritu de los hombres».

Sin embargo, la política de indulgencia y pacificación resultó perjudicada por los saqueos de las tropas británicas y por las recriminaciones de los leales contra los rebeldes. Pero incluso más importante para socavar los éxitos británicos de 1776 fueron los brillantes golpes de efecto de Washington al eliminar dos de los puestos avanzados de Howe, el de Trenton, el 25-26 de diciembre de 1776, y el de Princeton, el 3 de enero de 1777. Con estas victorias Washington forzó a los británicos a retirarse de las orillas del Delaware y dejar que las bandas de leales recién formadas se defendieran como pudieran. La moral de los patriotas remontó, los juramentos de lealtad al rey disminuyeron y las milicias patrióticas volvieron a hacerse con el control de las zonas abandonadas por las tropas británicas al retirarse. Con New Jersey desgarrada por una feroz lucha partisana o de guerrillas, los británicos tuvieron que volver a reconsiderar sus planes.

La estrategia británica para 1777 entrañaba enviar un ejército de ocho mil hombres, que incluía a tres mil alemanes y a varios cientos de indios, bajo el mando del general John Burgoyne, hacia el sur desde Canadá, pasando por el lago Champlain, para recuperar el fuerte Ticonderoga. Cerca de Albany, Burgoyne tenía que reunirse con una fuerza adicional mandada por el teniente coronel Barry St. Leger que se desplazaría hacia el este, a través del valle del Mohawk, y con el general Howe, que avanzaría hacia el norte desde la ciudad de Nueva York, a través del valle del Hudson. El objetivo final de la campaña era aislar Nueva Inglaterra y romper la columna vertebral de la rebelión. En Gran Bretaña se daba por sentado que Howe cooperaría con Burgoyne. Pero Howe seguía pensando que existía un amplio apoyo de colonos leales en los estados del centro y decidió tomar Filadelfia, sede del gobierno del Congreso. Howe avanzó sobre la ciudad por mar y desembarcó, después de un importante retraso, a la entrada de la bahía de Chesapeake, a finales de agosto de 1777. Convencido de que no podía entregar la capital sin luchar, el 11 de septiembre Washington se enfrentó a Howe en Brandywine, Pensilvania, y el 4 de octubre en Germantown y fue derrotado en ambas batallas. Pero esas derrotas no fueron desastrosas; demostraron que el ejército norteamericano era capaz de librar un combate organizado y, además, impidieron que Howe se dirigiera al norte para reunirse con Burgoyne. La toma de Filadelfia demostró que el sentimiento de lealtad a la Corona solo llegaba hasta donde llegaban las armas británicas y no justificaba lo que le sucedió al ejército de Burgoyne en el Norte.

Cuando las fuerzas de St. Leger fueron rechazadas en Oriskany, Nueva York, el verano de 1777, Burgoyne y su enorme y lento séquito vieron cómo sus líneas de aprovisionamiento iban mermando, mientras sus flancos eran hostigados por las milicias patrióticas de Nueva Inglaterra. El transporte del bagaje militar se extendía a lo largo de casi cinco kilómetros; solo el bagaje personal de Burgoyne ocupaba más de treinta carretas. Derribando árboles, destruyendo puentes y desviando ríos, los patriotas hacían todo lo que podían para conseguir que el ya agreste territorio fuera todavía más intransitable. Burgoyne tuvo que construir más de cuarenta puentes nuevos, así como reparar otros viejos. En un momento dado, recorría apenas un kilómetro y medio diario. Ese ritmo tan lento no hacía más que empeorar el problema del abastecimiento. Uno de sus tenientes declaró que por cada hora que Burgoyne dedicaba a pensar cómo usar su ejército, él tenía que dedicar veinticuatro para resolver cómo alimentarlo.

Al mismo tiempo que el lento avance de Burgoyne daba a las fuerzas norteamericanas del valle del Hudson el tiempo necesario para recuperarse, el ejército británico iba menguando. Cuando novecientos hombres de Burgoyne intentaron apoderarse de provisiones en un arsenal de los patriotas en Bennington, Vermont, fueron derrotados por dos mil milicianos de Nueva Inglaterra, al mando de John Stark. Otros novecientos casacas rojas fueron destacados para guarnecer Ticonderoga. Convencido de que su reputación descansaba en el éxito de su invasión desde Canadá, Burgoyne decidió seguir adelante. Entre el 13 y el 14 de septiembre cruzó el Hudson, cortando las líneas de suministro y comunicaciones con su retaguardia. Cuando llegó a Saratoga, se enfrentó a una creciente fuerza norteamericana de más de diez mil hombres, al mando del general Horatio Gates. Dos sangrientas batallas, en las cuales se distinguió el general Benedict Arnold, convencieron a Burgoyne de lo desesperado de su situación y, en octubre de 1777, rindió todo su ejército a los norteamericanos.

Saratoga fue el momento decisivo. Señaló que reconquistar Norteamérica quizá estuviera fuera del alcance de las fuerzas británicas, hizo que Francia entrara abiertamente en la contienda y llevó a un cambio en el mando británico y a una alteración fundamental de la estrategia.

Desde el principio de la rebelión, Francia había suministrado secretamente a los norteamericanos dinero y armas, con la esperanza de vengar su derrota en la guerra de los Siete Años. En 1776, Benjamin Franklin fue enviado a París como embajador norteamericano no oficial. Al llegar 1777, los puertos franceses estaban abiertos para los corsarios norteamericanos y oficiales franceses se unían al ejército de Washington. Parecía que solo era cuestión de tiempo que Francia reconociera a la nueva república. El gobierno británico comprendió enseguida la importancia de la rendición de Burgoyne y, con la designación de la Comisión Carlisle, a principios de 1778, hizo nuevos esfuerzos para negociar un acuerdo. Ofrecieron a los rebeldes la vuelta a la situación imperial anterior a 1763; en realidad, les ofrecieron todo lo que los norteamericanos querían inicialmente. Estas tentativas de acercamiento, que Franklin utilizó hábilmente en Francia para explotar los temores franceses a una reconciliación anglonorteamericana, llevaron al gobierno del rey Luis XVI a firmar, en febrero de 1778, dos tratados con Estados Unidos; uno era un acuerdo comercial y el otro una alianza militar comprometida con la independencia norteamericana, la primera y única alianza militar de Estados

Unidos hasta la de la OTAN en 1949. En 1779, España se alió con Francia, con la esperanza de recuperar sus anteriores pérdidas a manos de Inglaterra, especialmente Gibraltar. En 1780, Rusia formó una Liga de Neutralidad Armada, a la que, con el tiempo, se unieron prácticamente todos los estados marítimos de Europa. Por vez primera en el siglo XVIII, Gran Bretaña estaba aislada diplomáticamente.

A partir de 1778, sofocar la rebelión se convirtió en algo secundario en el conflicto mundial de Gran Bretaña con las potencias borbónicas, Francia y España. El centro de la campaña bélica se desplazó hacia el mar y hacia el sur cuando Gran Bretaña trató de proteger sus posesiones en las Antillas. El general Howe fue sustituido por sir Henry Clinton, se adoptó una política más despiadada, que incluía el bombardeo de los puertos norteamericanos, incursiones al interior del país e intentos de comprar a los líderes rebeldes, cuyo resultado más llamativo fue la traición de Benedict Arnold. Arnold era un comandante brillante en el campo de batalla, que acabó molesto por la forma como lo trataban los funcionarios del Congreso y el Estado. En 1779 inició negociaciones secretas con sir Henry Clinton para entregarle West Point a los británicos a cambio de dinero y de un nombramiento real como oficial del ejército británico. Aunque el complot para entregar West Point se frustró en 1780, Arnold escapó y se convirtió en general británico. Para las siguientes generaciones de norteamericanos, Arnold personificaría la traición.

Como parte de su nueva estrategia, los británicos pensaban abandonar Filadelfia y adoptar una posición defensiva en Nueva York y Rhode Island. Concentrando sus fuerzas en las Antillas, buscaban asegurarse el control militar de los puertos del profundo Sur, restaurar el gobierno monárquico civil con el apoyo de los leales, y luego, trasladar al ejército metódicamente hacia el norte, como una pantalla detrás de la cual los colonos leales de cada población irían pacificando gradualmente los territorios rebeldes. Esta estrategia se basaba en el supuesto de que el Sur, con su población dispersa y presumiblemente más leal, que vivía aterrorizada por las incursiones de los indios y los levantamientos de los esclavos, era especialmente vulnerable a la reafirmación de la autoridad británica.

La retirada de Filadelfia en junio de 1778 ofreció a Washington la oportunidad de atacar la larga y lenta columna británica. Aunque las tropas de Washington habían sufrido terriblemente por la falta de comida y ropa durante el anterior invierno en el valle del Forge, en realidad emergieron como una fuerza ofensiva más unificada y disciplinada. Mandado por el barón Von Steuben, antiguo ayuda de campo del rey de Prusia, el ejército se adiestró y reorganizó y desarrolló un nuevo orgullo y espíritu. Pese a la oposición por parte de algunos de sus generales, especialmente el general Charles Lee, que no confiaba en absoluto en la preparación de Von Steuben, Washington estaba ansioso por poner a prueba a sus entonces disciplinadas tropas contra los casacas rojas en retirada de Clinton. Aunque la encarnizada batalla de Monmouth, New Jersey, el 28 de junio, acabó en tablas, Washington y el Congreso la consideraron una victoria porque las tropas regulares norteamericanas habían hecho frente a las mejores tropas regulares británicas.

Sin embargo, el éxito final de Washington como comandante en jefe nunca se derivó de su capacidad militar. Nunca fue un héroe militar tradicional. No consiguió victorias fantásticas y clamorosas y sus maniobras estratégicas y tácticas no fueron nunca de esas que dejan estupefactos a todos. Por el contrario, eran su carácter, su talento y buen juicio políticos lo que más importaba. Su estoicismo, dignidad y perseverancia pese a tenerlo, al parecer, todo en contra acabaron simbolizando la causa revolucionaria por completo. Mientras la guerra seguía año tras año, su estatura no dejaba de crecer y, en 1779, los norteamericanos celebraron su cumpleaños además del Cuatro de Julio. Washington siempre respetaba a la autoridad civil y nunca perdió el respaldo del Congreso, ni siquiera cuando, en el otoño e invierno de 1777 a 1778, pareció que los exagerados rumores de una conspiración que implicaba a Thomas Conway, oficial francés nacido en Irlanda, y al general Horatio Gates, el vencedor de Saratoga, ponían en peligro su posición. Siempre fue leal a sus compañeros oficiales del Ejército Continental y ellos a él; confiaban en él y tenían buenas razones para hacerlo. Lo que le faltaba en conocimientos militares lo compensaba con prudencia y sensatez. Cuando después de la alianza con Francia, el noble francés marqués de Lafayette, que había estado en la contienda desde 1777, propuso un plan franconorteamericano para conquistar Canadá, un Congreso entusiasmado aceptó rápidamente. No obstante, Washington señaló que Francia tenía sus propios intereses y no se podía confiar en ella para volver a tomar Canadá, con lo cual el plan murió sin ruido.

Con el centro de las operaciones británicas desplazado al Sur, Washington se quedó en el Norte, tratando de sofocar motines y suplicando el apoyo naval y militar francés. Lo único que podía hacer era evitar darle a Clinton la oportunidad de derrotarlo en una batalla decisiva y observar con frustración los éxitos iniciales de la nueva estrategia británica de pacificación en el Sur. Durante el invierno de 1778-1779, los británicos tomaron Savannah y Augusta y restablecieron el gobierno civil de la Corona en Georgia. Aunque los constantes ataques de las milicias norteamericanas frenaban el avance británico, el 12 de mayo de 1780, con la rendición del general Benjamin Lincoln y su ejército de cinco mil quinientos hombres, los británicos tomaron finalmente Charleston, en Carolina del Sur. Fue la mayor pérdida de soldados norteamericanos de toda la guerra. Un nuevo ejército sureño, reunido apresuradamente bajo el mando del general Gates, entró precipitadamente en Carolina del Sur para detener la ofensiva británica. El 16 de agosto de 1780, en Camden, Gates sufrió una derrota devastadora que destruyó no solo su nuevo ejército, sino también su reputación militar. Pero los británicos no pudieron consolidar su triunfo ni dar a los leales la protección militar que necesitaban para pacificar el país. Las represalias de los leales contra los patriotas *whig* por su anterior trato despiadado, junto con los saqueos de los británicos, especialmente del implacable coronel Banastre Tarleton, en el campo, empujaron a innumerables habitantes de Georgia y Carolina a incorporarse a actividades partisanas en apoyo de la revolución. Unos líderes pintorescos, como Thomas Sumter y Francis Marion, organizaron partidas irregulares de patriotas para acosar a los leales y al ejército británico. La guerra en el bajo Sur se convirtió en una serie de sangrientas escaramuzas guerrilleras donde se cometieron atrocidades por ambas partes.

Lord Cornwallis estaba entonces al mando de las fuerzas británicas en el Sur. Se impacientaba con la política de pacificación gradual y estaba ansioso por demostrar el poderío británico con un desplazamiento espectacular de la guerra a Carolina del Norte. Con su ejército sometido al constante acoso de las guerrillas patrióticas, empezaba a desplazarse hacia el norte cuando se enteró de que, el 7 de octubre de 1780, su flanco izquierdo había sido destruido en King's Mountain. Las noticias lo forzaron a volver a Carolina del Sur. Entretanto, los norteamericanos habían comenzado a organizar un tercer ejército sureño, bajo el mando de Nathanael Greene, un ex cuáquero de treinta y ocho años, procedente de Rhode Island, que había sido nombrado recientemente intendente general del Ejército Continental. Tras evitar sagazmente el enfrentamiento directo con Cornwallis, Greene obligó a los británicos a dividir sus tropas. El 17 de enero de 1781, en Cowpens, en la parte occidental de Carolina del Sur, un destacamento del ejército de Greene, al mando de Daniel Morgan, derrotó a la «Sangrienta» Legión Tory de Tarleton y cambió el rumbo de la estrategia británica en la zona sureña.

Cornwallis cortó sus lazos con su base en Charleston y convirtió su ejército en una fuerza ofensiva móvil, decidido a dar caza a las esquivas fuerzas enemigas. Después de una batalla incierta contra Greene en Guilford Courthouse, el 15 de marzo, los soldados de Cornwallis, cansados y maltrechos, se retiraron a Wilmington, en la costa de Carolina del Norte, con la intención de trasladar el centro de la guerra hacia el norte, a Virginia. Así acabó el experimento británico para aplicar un completo programa de pacificación. Durante la primavera y el verano de 1781, las fuerzas patriotas recuperaron el control de casi todo el bajo Sur.

Aunque los saqueos por parte de las fuerzas británicas durante el verano de 1781 aterrorizaron a los virginianos y humillaron al gobernador Thomas Jefferson, Cornwallis no consiguió convencer a su comandante en jefe, Clinton, que estaba en Nueva York, para que hiciera de Virginia el centro de las operaciones militares británicas. El tira y afloja entre los dos generales permitió que los norteamericanos reforzaran sus tropas virginianas bajo el mando de Lafayette. La retirada de Cornwallis de la costa de Virginia y su aislamiento en Yorktown proporcionaron a las fuerzas conjuntas norteamericanas y francesas, un ejército formado por diecisiete mil hombres, bajo el mando de Washington y el conde de Rochambeau, la oportunidad que estaban buscando. La flota francesa, bajo el mando del almirante De Grasse, entró en la bahía de Chesapeake y bloqueó la planeada huida de Cornwallis por mar. Así, rodeado y bombardeado en Yorktown, en octubre de 1781 Cornwallis se vio obligado a rendir su ejército de ocho mil hombres a Washington. La política de extender el control a lo largo de toda la línea costera del Atlántico, aplicada por los británicos desde 1778, dependía del mantenimiento de su superioridad naval y, cuando perdieron temporalmente esa superioridad, todo el plan se vino abajo. Aunque la guerra continuó durante varios meses más, todo el mundo sabía que Yorktown significaba la independencia norteamericana.

La larga guerra fue costosa para el nuevo país; más de veinticinco mil muertos entre las fuerzas norteamericanas, casi el 1 por ciento de la población, un porcentaje superado únicamente, en número muertes respecto a la población, por la guerra de Secesión.

Pese al final de la guerra, la paz todavía estaba por ganar. El principal objetivo de la nueva nación, independizarse de Gran Bretaña, era claro y sin complicaciones. Pero era necesario conciliar este objetivo y otros concernientes a los límites territoriales de Norteamérica y a sus derechos sobre las pesquerías de Terranova con los de su aliada, Francia, así como con los de la aliada de Francia, España, que estaba en guerra contra Gran Bretaña desde 1779. En 1778, Estados Unidos y Francia se habían comprometido a no firmar una paz por separado con Gran Bretaña, pero como Francia estaba unida a España contra Gran Bretaña hasta que se recuperara Gibraltar, había un gran peligro de que los intereses norteamericanos se perdieran en medio de las maquinaciones de las potencias europeas. Pese a los deseos que Francia y España tenían de humillar a Gran Bretaña, ninguna de las dos monarquías borbónicas quería, verdaderamente, que hubiera una república norteamericana fuerte e independiente. España, en particular, temía la propagación del republicanismo entre sus colonias americanas y quería proteger sus intereses en el valle del Mississippi.

Aunque Franklin, John Adams y John Jay, los negociadores norteamericanos en Europa, no eran más que, en palabras de Adams, «diplomáticos de las milicias», se abrieron camino por los intrincados recovecos de la política internacional con una habilidad diplomática propia de profesionales. Pese a las instrucciones del Congreso para que no hicieran nada sin consultar a los franceses, los tres diplomáticos decidieron negociar solos con Gran Bretaña. Recurriendo a la posibilidad de debilitar la alianza franconorteamericana, convencieron a Gran Bretaña para que reconociera la independencia de Estados Unidos y aceptara unos límites mucho más generosos para el nuevo país de lo que los franceses y, especialmente, los españoles estaban dispuestos a apoyar. En el oeste, Estados Unidos llegaba hasta el río Mississippi; en el sur hasta el paralelo treinta y uno y, en el norte, aproximadamente hasta la actual frontera con Canadá. Los negociadores norteamericanos presentaron este tratado preliminar anglonorteamericano a Francia y convencieron a los franceses para que lo aceptaran, señalando que los aliados debían ocultar sus diferencias ante sus enemigos. La perspectiva de la paz norteamericana con Gran Bretaña obligó a España a abandonar sus exigencias sobre Gibraltar y aceptar la devolución de la Florida oriental y occidental. En el tratado final, firmado el 3 de septiembre de 1783, Estados Unidos, jugando astutamente con los temores mutuos de las potencias europeas, consiguió la independencia y unas concesiones que dejaron estupefactos a los franceses y a toda Europa. Fue el máximo logro en la historia de la diplomacia norteamericana.

5

El republicanismo

La victoria militar sobre Gran Bretaña quizá fuera esencial para el éxito de la revolución, pero para los norteamericanos no era, ni con mucho, toda la revolución. Aunque había empezado como una crisis política dentro del imperio, en 1776 ya no era simplemente una rebelión colonial. A partir de 1775, cuando la independencia y la formación de nuevos gobiernos eran inminentes y a lo largo de toda la guerra, casi cualquier escrito sobre el futuro estaba repleto de unas esperanzas extraordinariamente visionarias para la transformación de Norteamérica. Se pensaba que no solo el gobierno y la sociedad se transformarían, también su papel en el mundo cambiaría. Los norteamericanos se habían convencido de que la revolución prometía nada menos que una reordenación a gran escala de su vida, una reordenación resumida en la idea del republicanismo.

Necesidad de la virtud

Este republicanismo era, en todos sus aspectos, una ideología radical, tan radical para el siglo XVIII como el marxismo lo sería para el XIX. Significaba más que la simple eliminación de un rey y el establecimiento de un sistema electivo de gobierno. Añadía una dimensión moral e idealista a la separación política de Inglaterra, una dimensión que prometía un cambio fundamental de valores y la modificación del carácter mismo de la sociedad norteamericana.

El republicanismo intensificó lo radical de la ideología del «campo», que los norteamericanos habían tomado prestada de los grupos de oposición de la sociedad inglesa, asociándola con las corrientes de pensamiento europeas más antiguas y profundas, unas corrientes que se remontaban a la antigüedad. Estas corrientes clásicas, en esencia explicaciones del declive de la antigua República romana, destacaban los ideales y valores republicanos –sobre la vida buena, la ciudadanía, la salud política y la moralidad social– que han tenido un efecto duradero en la cultura occidental.

Esas ideas clásicas, revitalizadas por los autores del Renacimiento, especialmente Maquiavelo, habían sido incorporadas al pensamiento inglés del siglo XVII por escritores como James Harrington, el poeta John Milton y Algernon Sidney. Bajo la influencia de estas ideas republicanas clásicas Inglaterra ejecutó en el siglo XVII a su monarca, Carlos I, y probó su breve experimento de republicanismo, la Commonwealth (1649-1653). Al llegar el siglo XVIII, estos ideales se habían difundido por toda la Europa occidental, convirtiéndose en una especie de contracultura para muchos europeos insatisfechos. En innumerables escritos y traducciones, que iban desde las historias populares de la antigüedad escritas por Charles Rollin hasta las traducciones de Tácito y Salustio hechas por Thomas Gordon, la Europa y los intelectuales británicos del siglo XVIII evocaban la imagen utópica de un temprano mundo romano republicano, formado por sencillos granjeros-ciudadanos que disfrutaban de libertad y de virtudes arcádicas. Por todas partes, los reformadores veían en este mundo antiguo idealizado una alternativa a las descontroladas monarquías, con sus jerarquías, lujo y corrupción, que habían llegado a detestar en su propio tiempo.

Con el entusiasmo del movimiento revolucionario, estos valores republicanos clásicos se sumaron a la imagen que los europeos tenían ya de los norteamericanos como pueblo sencillo, igualitario y amante de la libertad para formar una de las ideologías más coherentes y vigorosas que el mundo occidental había visto hasta entonces. Muchas de las ambigüedades que los norteamericanos sentían respecto al carácter rústico y provinciano de su sociedad se habían aclarado. Lo que algunos veían antes como tosquedad y deficiencias de la vida del país, entonces podía entenderse como ventajas para el gobierno republicano. Los agricultores norteamericanos independientes, que eran dueños de sus propias tierras, ya no tenían que ser considerados gentes primitivas que vivían al margen de la civilización europea y en el retraso histórico. Por el contrario, a partir de entonces podían ser vistos como ciudadanos iguales, dotados por naturaleza para comprender los valores republicanos que los intelectuales propugnaban desde hacía años.

De forma inevitable, en 1776, los nuevos estados norteamericanos se convirtieron en repúblicas. Todo el mundo sabía que estas nuevas repúblicas, con sus sistemas electorales, tenían una importancia no solo política, sino también moral y social. El republicanismo atacaba directamente los lazos de sangre, parentesco y dependencia que son el corazón de la sociedad monárquica. En una monarquía, los individuos están unidos, como si fueran una familia, por su lealtad común al rey. Dado que el rey era, en palabras del jurista inglés William Blackstone, «el *pater familias* de la nación», ser súbdito era, en realidad, ser una especie de niño, débil y dependiente, pecador y carente de dominio de sí mismo. Sin embargo, las monarquías que se basaban en la presunción de que todos los seres humanos eran corruptos habían perdurado casi en todas partes durante siglos porque ofrecían seguridad y orden. Se daba por supuesto que, si se les dejaba solos y libres, los pueblos actuarían como dementes y cada uno haría lo que le pareciera bien. Unos seres tan egoístas tenían que ser mantenidos bajo control desde arriba, por el poder de los reyes, con su séquito de dependencias y desigualdades, respaldados por un ejército permanente, unos fuertes organismos religiosos y un imponente despliegue de títulos, rituales y ceremonias.

El republicanismo ponía en tela de juicio todos esos supuestos y prácticas de la monarquía. Al librarse de la monarquía y convertirse en republicanos, los norteamericanos ofrecían un concepto diferente de cómo eran las personas, así como nuevos modos de organizar el estado y la sociedad. Los cabecillas revolucionarios no eran ingenuos ni tampoco utópicos; en realidad, algunos de ellos albergaban muchas dudas sobre las capacidades de la gente corriente. Pero al adoptar unos gobiernos republicanos todos ellos tenían, necesariamente, una idea más magnánima de la naturaleza humana que los partidarios de la monarquía.

Las repúblicas exigían mucho más, moralmente, de sus ciudadanos que las monarquías de sus súbditos. Además, carecían de todos los aditamentos de las prebendas y el poder que tenía en sus manos la monarquía. Si en las repúblicas tenía que haber orden, ese orden debía proceder de abajo, de las propias personas, de su consentimiento y sus virtudes; es decir, de su libre voluntad a ceder en sus deseos personales por el bien público. Mucha de la retórica de la revolución estaba llena de exhortaciones al pueblo para que actuara de forma virtuosa, diciéndoles, como hacía Samuel Adams, que «un ciudadano lo debe todo a la comunidad». Así pues, el republicanismo hacía hincapié en una moralidad de cohesión social y entrega al bienestar público, a la *res publica*. Varios de los estados —Massachusetts, Pensilvania, Virginia— incluso adoptaron, en 1776, el nombre *commonwealth* (mancomunidad) para expresar mejor su identificación con los revolucionarios del siglo XVII y su entrega al bien público.

En resumen, los ciudadanos republicanos tenían que ser patriotas. Los patriotas no eran simplemente quienes amaban a su país, sino los que estaban libres de relaciones de dependencia. Como escribió Jefferson en su *Notes on the State of Virginia*, «La dependencia engendra sumisión ciega y venalidad, ahoga el germen de la virtud y prepara los útiles adecuados para los designios de la ambición». De ahí que se viera a los inquebrantables e independientes *yeomen* (labradores que cultivaban sus propias tierras), los «elegidos de Dios» de que habla Jefferson, como los ciudadanos mejores y más incorruptibles para una república. La celebración del labrador independiente en los años que siguieron a la revolución no es una presunción literaria sino un imperativo del gobierno republicano.

La posesión individual de la propiedad, especialmente de tierras, era esencial para una república, como fuente de independencia y como prueba de un apego permanente a la comunidad. A los que carecían de propiedades y dependían de otros —es decir, los hombres jóvenes y las mujeres— podía negárseles el derecho al voto porque, como declaraba una convención del condado de Essex, en Massachusetts, en 1778, estaban «situados de tal manera que no tenían voluntades propias». En Europa, la dependencia era corriente, porque solo unos pocos eran dueños de propiedades. Pero, como escribió un ciudadano de Carolina en 1777, «el pueblo de Norteamérica es un pueblo con propiedades; casi todos los hombres son titulares de la plena propiedad». Jefferson tenía tanto interés en este punto que, en 1776, propuso que la nueva mancomunidad de Virginia garantizara, por lo menos, veinte hectáreas de tierra a cada ciudadano.

Estas comunidades republicanas, formadas por ciudadanos independientes, presentaban un ideal inspirador. Pero la historia había demostrado que las repúblicas eran un tipo de estado especialmente frágil y muy susceptible a las facciones y al desorden interno. Como las repúblicas dependían hasta tal punto de la virtud del pueblo, los teóricos como Montesquieu llegaron a la conclusión de que tenían que ser pequeñas en territorio y homogéneas en carácter. Los únicos modelos republicanos existentes en Europa —los Países Bajos y las ciudades estado de Suiza e Italia— eran pequeños y compactos y no resultaban adecuados para la extensa nueva nación de Estados Unidos. Según la mejor ciencia política de aquel tiempo, cuando un país grande, con muchos y diversos intereses, trataba de establecer una república, era seguro que el experimento acabaría en algún tipo de dictadura como la de Oliver Cromwell.

Así pues, no es de extrañar que los norteamericanos

de 1776 se embarcaran en el republicanismo con un espíritu de riesgo y gran aventura. Con todo, la mayoría de los revolucionarios estaban llenos de entusiasmo y tenían una confianza extraordinaria en el éxito. Creían que eran virtuosos por naturaleza y, por ello, idealmente adecuados para el gobierno republicano. ¿No eran las notables exhibiciones de orden público frente a los gobiernos reales en desintegración, en 1774 y 1775, prueba suficiente de la voluntad del pueblo norteamericano de obedecer a sus gobiernos sin coerción? ¿No poseían la misma fuerza de carácter que tenían los antiguos ciudadanos republicanos? A diferencia de Inglaterra, donde la mayor parte de la población eran arrendatarios o trabajadores sin tierras, la mayoría de norteamericanos, por lo menos la mayoría de hombres blancos adultos, eran dueños de sus propias tierras. Los norteamericanos se veían a sí mismos como un pueblo joven y vigoroso, todavía no sometido a la disipación de los lujos aristocráticos y los placeres indolentes del Viejo Mundo.

La gloria ascendente de Norteamérica

El enorme entusiasmo que los norteamericanos sentían en 1776 no solo brotaba de su convicción de ser la vanguardia de una revolución republicana mundial que, a la larga, llevaría al derrocamiento de todas las decrépitas monarquías; también creían que estaban destinados a provocar un nuevo florecimiento de las artes y las ciencias; estaban convencidos de que se convertirían en los líderes de la «república de las letras» internacional. Muchos intelectuales norteamericanos llegaron a creer que la antorcha de la civilización cruzaba el Atlántico para pasar al Nuevo Mundo, donde ardería con un brillo aún mayor. Pese a su rechazo al lujo y la corrupción del Viejo Mundo, los revolucionarios norteamericanos nunca tuvieron intención de repudiar lo mejor de la cultura inglesa y europea, sino de abrazarla y hacerla realidad. «El genio emprendedor del pueblo —declaraba un apasionado Joel Barlow— promete un perfeccionamiento muy rápido de todas las artes que embellecen la naturaleza humana.»

A la luz de su previa situación colonial y de sus anteriores y extendidas expresiones de inferioridad cultural, su presunción de convertirse en los líderes culturales del mundo occidental resulta chirriante, por decirlo suavemente. Sin embargo, las pruebas de que los cabecillas y artistas revolucionarios imaginaban que Norteamérica llegaría a ser el lugar donde florecería lo mejor de las artes y las ciencias son abrumadoras. Cuando los revolucionarios hablaban de «seguir los pasos de Grecia y Roma» no se referían solo a que erigirían gobiernos republicanos, sino también a que, con el tiempo, tendrían sus propios Homeros y Virgilios; en palabras del historiador David Ramsay, sus propios «poetas, oradores, críticos e historiadores iguales a los más celebrados de las antiguas comunidades de Grecia e Italia».

Esos sueños, por pretenciosos que puedan parecernos hoy, se fundaban en las mejores ideas intelectuales del momento y ayudaron a dar a los norteamericanos la confianza para emprender su revolución. Sabían, como había señalado el filósofo David Hume, que los estados libres generaban instrucción entre el pueblo común y un pueblo instruido era la mejor fuente de genio y talento artístico. También sabían que las artes y las ciencias se desplazaban, de forma inevitable, hacia el oeste. Desde mediados del siglo, habían leído y encomiado *Verses on the Prospect of Planting Arts and Learning in America*, del obispo Berkeley, que planteaba la idea convencional de un ciclo occidental de imperio, de Oriente próximo a Grecia, de Grecia a Roma, de Roma a Europa occidental y de Europa occidental, a través del Atlántico, al Nuevo Mundo. Ya en 1759, un viajero británico poco favorable observó que los colonos «esperan con gran impaciencia y entusiasmo ese momento predestinado en que Norteamérica será la ley para el resto del mundo». Tan corriente llegó a ser este tema del tránsito de la civilización hacia el oeste que llevó a la creación de un nuevo género literario, el poema de «La ascendente gloria de Norteamérica», en el cual probaron suerte todos los caballeros con aspiraciones literarias.

Por supuesto, no todos los intelectuales norteamericanos estaban seguros de la capacidad del Nuevo Mundo para recibir la antorcha heredada de la cultura occidental y algunos dudaban que los primitivos gustos de Norteamérica pudieran sostener alguna vez las bellas artes. Pero muchos de los líderes revolucionarios imaginaban que Norteamérica se convertiría no solo en un refugio de libertad contra la tiranía del mundo, sino también en un lugar digno donde, en palabras de Ezra Stiles, el ilustrado rector de Yale, «todas las artes puedan ser transportadas desde Europa y Asia y florecer con [...] un lustre aumentado».

Si los norteamericanos iban a superar a Europa en dignidad, grandeza y gusto, tendrían que crear, de algún modo, un arte republicano que evitara los vicios de excesivo refinamiento y lujo del Viejo Mundo. La solución descansaba en la firme racionalidad del clasicismo republicano, que permitía la expresión artística sin fomentar la corrupción ni el deterioro social. Como dijeron en 1793 los miembros de la comisión encargada de supervisar la construcción de edificios públicos en la ciudad de Washington, ese clasicismo hacía hincapié en «la grandiosidad de concepción, la simplicidad republicana y esa auténtica elegancia de proporción que corresponden a una libertad moderada que excluye la frivolidad, alimento de mentes pequeñas».

Ese arte neoclásico no era original en el sentido moderno, pero nunca hubo la intención de que lo fuera. El objetivo de los norteamericanos, en su literatura, pintura y arquitectura nunca fue romper con las formas inglesas de forma radical, sino dar un espíritu nuevo y republicano a esas viejas formas, aislar y exhibir en su arte los principios externos y universales de la razón y la naturaleza. Por ello, los poetas de los agrestes territorios fronterizos de Nueva York no veían nada incongruente en invocar comparaciones con Virgilio y Horacio. John Trumbull, un poeta de Connecticut, fue comparado a Swift. Milton, Dryden y Pope fueron adoptados sin embarazo como modelos que imitar. Incluso Noah Webster, pese a todos sus experimentos para crear un lenguaje peculiar de Norteamérica, nunca tuvo intención de que se abandonara el elegante estilo de Addison.

El criterio del arte en esta época neoclásica no descansaba en el genio del artista ni en la novedad de la obra, sino más bien en el efecto que ese arte tendría en el público o el espectador. Por consiguiente, alguien como Joel Barlow pudo creer que su largo poema épico *The Vision of Columbus* (1787), precisamente debido a su alto nivel moral y a su mensaje republicano, superaba en grandeza incluso a la *Ilíada* de Homero. Y el pintor John Trumbull, que no hay que confundir con su primo, el poeta, pudo llegar a la conclusión de que la profesión de pintor no era trivial ni socialmente inútil mientras el artista reprodujera grandes acontecimientos y elevara el espíritu del espectador. Washington, por mucho que le gustara el teatro, solo podía justificarlo aduciendo que «fomentaría el interés por la virtud privada y pública [y] puliría los modales y costumbres de la sociedad». No había nada sorprendente en que Thomas Jefferson eligiera la Maison Carrée, el templo romano del siglo I a.C. de Nîmes, como modelo para el nuevo capitolio estatal republicano que iba a construirse en las embarradas calles de una ciudad del interior de Virginia. Dado que la arquitectura era para Jefferson «un arte que muestra tanto», tenía una especial importancia para la nueva nación que se adoptaran unas formas apropiadamente inspiradoras, aun cuando un templo romano fuera difícil de calentar y la acústica resultara en extremo deficiente.

Las reliquias culturales de esos sueños neoclásicos siguen todavía con los norteamericanos; no solo en la interminable proliferación de templos griegos y romanos, sino en los nombres de ciudades como Siracusa y Troya; en la designación de instituciones políticas como los capitolios y senados, en los símbolos políticos como la diosa Libertad y en los numerosos lemas en latín y en la poesía y las canciones, como en *Hail Columbia* (Salve Columbia). Pero el espíritu que en su día inspiró estas cosas, el sentido que tenían para los revolucionarios, se ha perdido y se estaba perdiendo incluso mientras se creaban. ¿Cuántos norteamericanos saben hoy qué significan la pirámide y el ojo del Gran Sello, aun cuando aparece en todos los billetes de un dólar? ¿Quién lee hoy la poesía épica de Joel Barlow o *Conquest of Canada*, de Timothy Dwight? Buena parte del arte de los años noventa, salvo por los retratos, fue dejado de lado y objeto de burla por parte de las generaciones siguientes. Todos los sueños neoclásicos quedaron pronto aplastados por la democracia igualitaria que resultó del grandioso experimento de republicanismo de los norteamericanos.

Igualdad

La comunidad de las artes y las ciencias se denominó «la república de las letras» porque quienes participaban en ella —escritores, pintores, científicos y otras personas creativas— no estaban allí por derecho hereditario; era absolutamente necesario que tuvieran talento. ¿Quién, se preguntaban, recuerda a los padres o los hijos de Homero o Euclides? El talento artístico, declaraba Thomas Paine, no era hereditario. En una república, los individuos ya no están predestinados a ser lo que sus padres fueron. Lo que importaba era la habilidad, no la cuna o las personas a quienes conocías. «En las monarquías —afirmaba David Ramsay, de Carolina del Sur— el favor es la fuente del ascenso; pero con nuestras nuevas formas de gobierno, nadie puede gobernar los sufragios del pueblo, a menos que sea con su mérito y su capacidad superiores.» Esto era, según Ramsay, lo que los norteamericanos querían decir con igualdad; la «vida y el alma» mismas del republicanismo.

La igualdad —la idea más poderosa de toda la historia

de Norteamérica– predecía el final de las incesantes
disputas por la posición y el rango y las agrias discusiones
de las facciones políticas que habían afligido el pasado
colonial. Dado que se pensaba que esos desacuerdos tenían sus raíces en las desigualdades artificiales de la sociedad colonial, creadas y nutridas en gran parte por las influencias y el patronazgo de la Corona británica, la
adopción del republicanismo prometía una nueva era de
armonía social.

Pero la igualdad republicana no equivalía a la eliminación de todas las distinciones. Las repúblicas seguirían teniendo una aristocracia, decía Jefferson, pero sería natural, no artificial. Los líderes republicanos se parecerían no
a los lacayos, acumuladores de dinero y amantes del lujo
del funcionariado británico, sino a los héroes de la antigüedad, estoicos y desinteresados; hombres como George Washington, que a los norteamericanos les parecía
que encarnaba el ideal clásico de un líder republicano.

Con todo, al final, igualdad significaba algo más que
carreras abiertas para los pocos dotados de talento. El
hincapié de los revolucionarios en la capacidad de la gente corriente para elegir a aquellos que tenían la integridad y el mérito, presuponía cierta capacidad moral en el
pueblo en su conjunto. Los buenos republicanos tenían
que creer en el sentido común de la gente común. Las
personas corrientes quizá no tuvieran ni la instrucción ni
la sabiduría de los caballeros con títulos universitarios,
pero eran más dignas de confianza. Eran francas, honra-
das y sinceras, cualidades esenciales para el gobierno republicano. La Norteamérica republicana acabaría con el
engaño y el fingimiento tan característicos de los cortesa-
nos y de las monarquías. «Dejemos que adulen los que

temen –decía Jefferson en 1774–; no es un arte norteamericano.»

Pero el republicanismo iba aún más lejos a fin de promover la igualdad. El pensamiento más ilustrado del siglo XVIII desafiaba la manera desdeñosa en que, durante
siglos, la minoría de aristócratas miraba a los hombres comunes, que eran la mayoría. En nuestra era igualitaria
nos resulta difícil apreciar el grado de desprecio con que,
durante siglos, la aristocracia y la pequeña nobleza de las
sociedades monárquicas tradicionales habían tratado a los
estratos inferiores. La gente común, cuando se le prestaba
alguna atención, solía ser considerada como poco mejor
que animales. Incluso algunos de los líderes revolucionarios no estaban libres de algún comentario despreciativo
ocasional sobre la gente corriente. En una ocasión, George Washington la llamó «la multitud pacedora», Alexander
Hamilton habló del «pueblo irreflexivo» y al principio de
su carrera, John Adams, que nunca olvidó que había formado parte de ella, se refirió a la gente corriente como
«el vulgar rebaño del género humano».

Hubo otros norteamericanos que tampoco vacilaron
en matizar su fe en la igualdad natural de los humanos.
Muchos se mostraban reacios a incluir siquiera a los indios o los negros dentro de la esfera de los hombres y
cuando la mayoría de hombres pensaba en las mujeres en
esos términos, solo era para destacar su diferencia de los
hombres, no su igualdad. Algunos seguían creyendo que
Dios había ordenado distinciones permanentes entre los
salvados y los condenados. Y había otros que, aun admi-
tiendo que todos los hombres tienen los mismos sentidos
de la vista, el oído, el olfato, el gusto y el tacto, defendían
que los hombres de genio, la élite, habían desarrollado

esos sentidos hasta llegar a ser más sensibles que el común de la gente.

Aunque esa distinción basada en los diferentes grados de sensibilidad ayudaba a justificar la permanente separación de los caballeros y los plebeyos, finalmente el hincapié del siglo XVIII en los sentidos y la sensibilidad despejó el camino para una mayor fe en la igualdad de las personas. Si los seres humanos estaban separados unos de otros no por unas características innatas sino por otras aprendidas —a través del ambiente que actuaba por medio de los sentidos—, entonces todo el mundo empezaba, por lo menos, la vida con la misma pizarra en blanco.

Cuando Jefferson, en la Declaración de Independencia, afirmó que todos los hombres son creados iguales, estaba recogiendo simplemente, como recordaría más tarde, «el sentido común» de la época. En la segunda mitad del siglo XVIII, ser ilustrado significaba creer en la igualdad natural de todos los hombres. Incluso hombres tan aristocráticos como William Byrd y el gobernador Francis Fauquier, de Virginia, admitían que todos los hombres, incluso los de diferentes naciones y razas, nacían iguales y que «la principal diferencia entre un pueblo y otro procede solo de las distintas oportunidades de mejora». «Blancos, rojos o negros, refinados o no refinados —declaraba el gobernador Fauquier en 1760—, los hombres son hombres.» Que solo la educación y el refinamiento separaban a un hombre de otro fue la idea más explosiva del siglo XVIII; es más, de todo el pensamiento moderno.

Al dar un valor radicalmente nuevo al conocimiento adquirido a través de los sentidos más que a través de la razón, John Locke, en su *Essay Concerning Human Un-*

derstanding (1690),* daba una nueva importancia a las capacidades de la gente corriente. Quizá solo algunos eran capaces de razonar y alcanzar logros intelectuales, pero todas las personas eran capaces de recibir impresiones a través de los sentidos.

Así, pese al sentido patricio de los rasgos distintivos de los caballeros expresados por los líderes revolucionarios —un compromiso franco y sin reparos con el elitismo que los separa profundamente de nosotros—, lo que finalmente sigue siendo notable es el grado en que aceptaban la igualdad de todos los hombres. Una naturaleza común unía a los hombres en afecto natural y hacía que les fuera posible ser amigos y compartir los sentimientos morales del otro. Había algo en cada ser humano —una especie de sentido moral o instinto de comprensión— que los unía estrechamente en una humanidad común y que posibilitaba la compasión y la moralidad naturales. Jefferson expresaba enormes dudas sobre las aptitudes intelectuales de los negros, pero admitía que, en su sentido moral, eran los iguales de los blancos. Era evidente que la razón estaba distribuida desigualmente entre las personas, pero todas ellas, por humildes e incultas que fueran, tenían en su corazón una intuición moral que les hacía distinguir entre el bien y el mal. En realidad, algunos opinaban que los caballeros instruidos no tenían mayor sentido del bien y del mal que la gente corriente e iletrada.

Jefferson creía que las diferencias entre las personas las creaban la experiencia y el ambiente que actuaba por medio de los sentidos. Pero Jefferson y otros pensadores

---

* Trad. cast.: *Ensayo sobre el entendimiento humano*, Editora Nacional, Madrid, 1980.

ilustrados del siglo XVIII comprendían los peligros de basarlo todo en los sentidos. ¿Cómo podían hombres y mujeres controlar el bombardeo caótico del entorno sobre sus sentidos? Se necesitaba algo para estructurar sus experiencias turbulentas y embrolladas. De lo contrario, las personalidades humanas, decía el abogado de Pensilvania James Wilson, de origen escocés, citando a David Hume, se convertirían en un «fardo o relación de percepciones diferentes, que se suceden unas a otras con una rapidez inconcebible [...] en un flujo y movimiento perpetuos». Una sociedad compuesta solo de sensaciones fluctuantes era imposible; debía haber algo que uniera a las personas de forma intuitiva y natural. Como decía Jefferson: «El Creador sería un artista chapucero si hubiera destinado al hombre a ser un animal social y no hubiera sembrado en él un temperamento social». Por tanto, Jefferson y otros líderes norteamericanos modificaron su rígida postura respecto al medio derivada de Locke postulando esa disposición social natural, un instinto moral, un sentido de compasión, en cada ser humano. Tal giróscopo moral —identificado con la moral escocesa o el sentido común y parecido a las categorías de Kant— era necesario para contrarrestar las peores y más alarmantes implicaciones de la idea de los sentidos de Locke y para mantener a los individuos desapasionados y sociales en un mundo caótico y confuso.

Estas creencias en el afecto natural, el sentido moral y la benevolencia de las personas no eran fantasías utópicas, sino las conclusiones ilustradas de la ciencia social dieciochesca. Aunque la mayoría de clérigos seguían instando al amor y la caridad cristianos entre sus feligreses, muchas otras personas ilustradas y educadas querían secularizar ese amor cristiano y encontrar en la propia naturaleza humana un imperativo científico para amar al prójimo como a uno mismo. Parecía haber un principio de atracción natural que acercaba a la gente, un principio moral que no se diferenciaba de los que actuaban en el mundo físico. «Al igual que los movimientos y la armonía regulares de los cuerpos celestes dependen de la gravitación de los unos hacia los otros», decía Jonathan Mayhew, predicador de Massachusetts, también el amor y la benevolencia entre las personas conservan «el orden y la armonía» en la sociedad. El amor entre humanos era la fuerza de la gravedad del mundo moral y podía estudiarse y quizá incluso manipularse más fácilmente que la gravedad del mundo físico. Pensadores ilustrados como el conde de Shaftesbury y Adam Smith trataban así de descubrir esas fuerzas ocultas que movían y mantenían unidas a las personas en el mundo moral. Buscaban fuerzas en el mundo social que pudieran estar a la altura de los grandes descubrimientos científicos del siglo XVIII de las fuerzas ocultas —la gravedad, el magnetismo, la electricidad y la energía— que actuaban en el mundo físico. Pensadores como John Witherspoon, rector de Princeton, soñaban con un tiempo «en que los hombres, tratando la filosofía moral igual que Newton y sus sucesores han tratado la filosofía natural, puedan llegar a una mayor precisión». De esos sueños nacería la ciencia social moderna.

Por supuesto, muchos intelectuales del siglo XVIII seguían creyendo que la sociedad republicana solo se mantendría unida por la antigua virtud masculina y marcial expresada, por ejemplo, en el clásico cuadro republicano de Jacques-Louis David titulado *Juramento de los Horacios*, expuesto en París en 1786. Pero muchos otros opinaban que el tipo de virtud republicana clásica representado en el cuadro de David era demasiado exigente y severo para las sociedades ilustradas, corteses y civilizadas del mundo atlántico del siglo XVIII.

Para muchos pensadores ilustrados, el instinto natural del hombre para ser social y benevolente se convirtió en un sustituto moderno de la virtud ascética clásica del mundo antiguo. La virtud radicaba menos en la dura y marcial abnegación de la antigüedad y más en la moderna disposición a llevarse bien con los demás en aras de la paz y la prosperidad. Las reuniones en salas, clubes, cafés, incluso las relaciones comerciales —es decir, tomar parte en las innumerables idas y venidas diarias de la vida moderna—, creaban una amistad y una comprensión que ayudaban a mantener unida a la sociedad. Esta virtud moderna era más propia de Addison que de Esparta y era susceptible de ser expresada por las mujeres al igual que por los hombres; algunos decían que ellas eran incluso más capaces de sociabilidad y benevolencia que ellos.

Claro que los líderes revolucionarios tenían diversos grados de confianza en la comprensión y benevolencia naturales de las personas. Mientras que alguien como Alexander Hamilton no tardó mucho en empezar a dudar de esas aptitudes morales, otros como Thomas Paine y Thomas Jefferson siguieron siendo muy optimistas; es más, pensaban que la armonía natural de la sociedad quizá pudiera sustituir, incluso, a buena parte de la propia autoridad gubernamental. Los republicanos más optimistas creían que si se dejaba que las tendencias naturales de las personas para amarse y cuidar unos de otros fluyeran libremente, sin que las bloqueara la interferencia artificial del gobierno, en especial del gobierno monárquico, la sociedad prosperaría y se mantendría unida.

A diferencia de los liberales del siglo XXI, los hombres con la mentalidad más liberal del XVIII tendían a pensar que la sociedad era caritativa y el gobierno, malévolo. Los honores y distinciones sociales, los beneficios del cargo, los contratos de negocios, los privilegios y monopolios legales, incluso el exceso de propiedad y riqueza de varios tipos —en realidad, todas las injusticias y privaciones sociales— parecían derivarse de la conexión con el gobierno, finalmente de la conexión con el gobierno monárquico. «La sociedad —escribía Paine en un brillante resumen de sus opiniones liberales— la producen nuestras necesidades y el gobierno, nuestras maldades. [La sociedad] promueve nuestra felicidad *positivamente* aunando nuestros afectos, [... el gobierno] *negativamente* refrenando nuestros vicios. [La sociedad] estimula el trato, [el gobierno] crea diferencias.» La naciente visión liberal jeffersoniana de que el mínimo gobierno era el mejor gobierno se basaba en esa esperanzada fe en la armonía natural de la sociedad.

Esta fe liberal en la capacidad de afecto y benevolencia para mantener unidas las sociedades republicanas quizá fuera tan poco realista y tan contraria a la naturaleza humana como creer en la austera virtud clásica. Ciertamente, algunos decididos escépticos como Alexander Hamilton pronto dudaron de su eficacia. Pero por un momento, con el entusiasmo de la revolución, muchos norteamericanos imaginaron que emergía un mundo nuevo y mejor, un mundo, decían, de «mayor perfección y felicidad que la que el género humano haya visto hasta ahora».

Un nuevo orden mundial

En ese mundo nuevo y mejor que muchos líderes revolucionarios imaginaban, hasta la propia guerra podría quedar abolida. Al igual que los norteamericanos liberales buscaban, en sus constituciones estatales revolucionarias, una nueva clase de política interior que acabaría con la tiranía, también muchos de ellos buscaban una nueva clase de política internacional que promovería la paz entre las naciones. Esta insistencia fue lo que dio a la revolución norteamericana una trascendencia mundial.

A lo largo de todo el siglo XVIII, los intelectuales liberales habían puesto grandes esperanzas en el advenimiento de un nuevo mundo instruido, del cual quedarían abolidos la corrupta diplomacia monárquica, las alianzas secretas, las rivalidades dinásticas y los equilibrios de poder. Dado que las guerras las provocaban las ambiciones dinásticas, las burocracias abotargadas y los ejércitos permanentes de las monarquías, entonces la eliminación de esas monarquías significaría la eliminación de la propia guerra. Un mundo de estados republicanos estimularía una diplomacia amante de la paz, basada en el concierto natural del comercio internacional. Si se dejaba que los pueblos de las diversas naciones intercambiaran mercancías libremente, sin la interferencia corruptora de las egoístas cortes monárquicas, las irracionales rivalidades dinásticas y el secreto doble juego de la diplomacia del pasado, entonces, se esperaba que la política internacional adquiriría un carácter republicano y pacífico.

De súbito, en 1776, con Estados Unidos aislado y fuera de los imperios mercantiles de Europa, los norteamericanos tenían tanto la oportunidad como la necesidad de llevar a la práctica esas ideas liberales respecto a las relaciones internacionales y al libre intercambio de mercancías. Así pues, el interés comercial y el idealismo revolucionario se fundieron para formar la base de gran parte del ideario norteamericano sobre los asuntos extranjeros que duró hasta bien entrado el siglo xx; hasta cierto punto, esa aleación sigue presente en las ideas que los norteamericanos tienen hoy del mundo.

«Nuestro plan es el comercio —dijo Thomas Paine a los norteamericanos en 1776— y eso, si lo atendemos bien, nos asegurará la paz y la amistad de toda Europa, porque interesa a todos los europeos que Norteamérica sea un puerto franco.» Norteamérica no tenía necesidad de formar alianzas militares tradicionales. Bastaría el comercio entre los pueblos. Es más, para Paine y otros liberales, el comercio pacífico entre los pueblos de las diversas naciones era el equivalente, en la esfera internacional, a la sociabilidad del pueblo en la esfera nacional. Al igual que los pensadores ilustrados como Paine y Jefferson preveían una sociedad republicana que se mantenía unida únicamente por el afecto natural de las personas, del mismo modo imaginaban un mundo unido por los intereses naturales de los pueblos en el comercio. Tanto en la esfera nacional como en la internacional, eran la monarquía y sus instituciones intrusivas y hábitos monopolistas los que impedían la armonía natural de los sentimientos e intereses de los pueblos.

En 1776, algunos miembros del Congreso Continental trataron de encarnar estos principios liberales en un tratado modelo que se aplicaría a Francia y, posteriormente, a otras naciones. Este tratado modelo, cuyo borrador fue redactado, principalmente, por John Adams en julio de 1776, prometía la máxima libertad e igualdad comercial posibles entre las naciones. Como John Adams recordaría más tarde, si los principios del tratado modelo «una vez establecidos fueran observados honradamente [...] pondrían fin para siempre a todas las guerras marítimas y harían que todas las marinas de guerra resultaran inútiles». En los aranceles y restricciones comerciales los extranjeros debían ser tratados igual que los de la propia nación. Incluso en tiempos de guerra, había que mantener el comercio. Las naciones neutrales debían tener el derecho a comerciar con las naciones beligerantes y llevarles las mercancías; era el derecho expresado en la frase: «buques libres hacen mercancías libres». La lista de artículos de contrabando, es decir, los artículos sujetos a la incautación por los beligerantes, incluidos los que eran propiedad de las naciones neutrales, debían ser limitados y no incluirían, por ejemplo, provisiones y reservas navales. Además, el bloqueo de puertos beligerantes tenía que respaldarse por el poder naval y no simplemente declararse en el papel.

Finalmente, los norteamericanos no consiguieron mucho de lo que querían en los tratados que firmaron con Francia en 1778. Aunque el tratado comercial que hicieron sí que contenía los principios del libre comercio, también tuvieron que aceptar una alianza política y militar tradicional. No obstante y pese a esta concesión a la *realpolitik*, el sueño ilustrado de un nuevo orden mundial basado en el comercio no se perdió por completo. En 1784, Estados Unidos autorizó una embajada diplomática formada por Jefferson, Adams y Franklin para negociar tratados comerciales con dieciséis estados europeos basándose en los principios liberales del tratado modelo revisado. La esperanza era que Norteamérica encabezara la marcha hacia «un objetivo tan valioso para el género humano como es la total emancipación del comercio y la reunión de todas las naciones para una libre intercomunicación de la felicidad».

Sin embargo, las principales naciones europeas se negaron a abrirse libremente al comercio norteamericano y solo dos estados –Prusia y Suecia– aceptaron firmar tratados liberales con Estados Unidos. Con todo y pese a la indiferencia de la mayoría de estados europeos, muchos norteamericanos, y especialmente Thomas Jefferson y James Madison, siguieron confiando en el poder del comercio para influir en la política internacional. Esta confianza y estos principios liberales de libre comercio continuaron influyendo en el ideario de muchos norteamericanos sobre el mundo hasta las primeras décadas del siglo XIX y explican los esfuerzos idealistas de los republicanos de Jefferson al recurrir a medidas de no importación y, finalmente, a un embargo completo del comercio norteamericano en ultramar como experimento a gran escala de lo que Jefferson llamó «coerción pacífica». En realidad, incluso hoy, el recurso corriente a las sanciones económicas en lugar de a la fuerza militar es un legado de esos principios ilustrados.

6

La sociedad republicana

La revolución republicana tuvo unos efectos transformadores en todas partes. Sacudió las jerarquías tradicionales, libró al pueblo de sus ataduras tradicionales como nunca antes y puso en tela de juicio todo tipo de autoridad. Evidentemente, no se produjo el hundimiento inmediato del orden social ni la destrucción brusca y completa de las instituciones sociales familiares. Pero por todas partes había alteraciones en la forma en que las personas se relacionaban con el gobierno, con la economía y unas con otras. Muchos de estos cambios eran debidos a la aceleración de fuerzas profundamente arraigadas y que llevaban tiempo en movimiento. Pero otros eran los resultados directos y recientes de la propia revolución.

Efectos de la guerra

Un efecto súbito de la revolución fue la marcha de decenas de miles de personas leales a la Corona, o *tories*, como los llamaban los patriotas. Los leales quizá alcanzaran un número cercano al medio millón, el 20 por ciento de los norteamericanos blancos. Cerca de veinte mil lucharon por la Corona en regimientos del ejército de Su Majestad y otros miles más sirvieron en las milicias locales. Se estima que entre sesenta mil y ochenta mil dejaron Norteamérica y marcharon a Canadá y Gran Bretaña durante la revolución, aunque muchos de ellos volvieron después de la guerra y se reintegraron a la sociedad norteamericana. Aunque los leales a la Corona procedían de todos los niveles y profesiones de la sociedad, una gran proporción pertenecía a las clases políticas y sociales altas. Muchos habían tenido cargos públicos o habían sido marinos mercantes implicados en la contratación gubernamental; en el Norte, la mayoría eran anglicanos. Su distribución regional era también desigual. Los leales eran una pequeña minoría en Nueva Inglaterra y Virginia; pero en las zonas fronterizas al oeste, donde la hostilidad hacia la opresión de la parte oriental se remontaba a los tiempos anteriores a la revolución, eran numerosos. Los leales representaban también una parte considerable de la población en las regiones de Nueva York, New Jersey, Pensilvania y el profundo Sur —Carolina del Sur, Georgia, Alabama, Mississippi y Luisiana—, donde el ejército británico les ofrecía protección. Su huida, desplazamiento y retirada crearon un vacío en la cima que fue rápidamente llenado por los patriotas. Los efectos fueron generalizados. Las propiedades y tierras de la Corona y de los *tories*, valoradas en millones de libras, fueron confiscadas por los gobiernos revolucionarios y, casi inmediatamente, sacadas al mercado. La especulación resultante contribuyó al súbito auge y caída de fortunas durante los años revolucionarios.

El Sur sufrió los mayores trastornos debido a la guerra. No solo perdió los mercados establecidos para su tabaco y otras cosechas, sino que los británicos liberaron a miles de esclavos para que lucharan por la Corona. Al final de la guerra, los británicos establecieron a esos antiguos esclavos en Canadá, las Antillas y otras partes del mundo. En realidad, el ejército británico fue, quizá, el mayor instrumento de emancipación en Norteamérica hasta la guerra de Secesión. Pero esos trastornos solo aceleraron la diversificación agrícola empezada antes de la revolución. La parte alta del Sur, en particular, se recuperó rápidamente. La producción de tabaco en los años ochenta igualó los niveles anteriores a la guerra, con la entrada no obstante de muchos nuevos participantes y nuevos acuerdos de comercialización.

Aunque la guerra tuvo efectos devastadores en sectores e individuos particulares, sus resultados globales fueron estimulantes. Los comerciantes que antes habían estado al margen de la actividad económica encontraron nuevas oportunidades de incorporarse plenamente. En Massachusetts, familias provincianas como los Higginson, Cabot y Lowell se trasladaron rápidamente a Boston para formar la base de una nueva élite. Al final de la guerra, muchos, como el gobernador James Bowdoin de Massachusetts, «apenas veía otra cosa que caras nuevas», un cambio, decía, casi «tan extraordinario como la propia revolución». La misma movilidad se repetía con menos evidencia, pero de forma igualmente importante, en todas partes. Nuevos comerciantes se lanzaban en todas direcciones en busca de nuevos mercados, no solo en las, en un tiempo, restringidas zonas comerciales de las Antillas y Sudamérica, sino por toda Europa y llegando incluso hasta China.

El comercio de posguerra con Gran Bretaña alcanzó rápidamente sus niveles anteriores. Para los años ochenta, las cifras globales señalan una sorprendente recuperación de los intercambios comerciales. Sin embargo, las estadísticas generales no hacen justicia al alcance del cambio realizado. En todos los estados había nuevas fuentes de abastecimiento, nuevos modelos comerciales y nuevos y más numerosos participantes en el mercado. El hundimiento de las importaciones británicas durante la guerra había animado la fabricación interna y, aunque la compra de productos británicos se reanudó con la vuelta de la paz, se formaron sociedades para promover una legislación proteccionista para la producción fabril norteamericana. Aunque las exportaciones no tardaron en superar los niveles de antes de la guerra, a partir de entonces representaban una parte menor de la actividad económica total. La gente ya empezaba a volverse hacia dentro, hacia el comercio local, en lugar de hacia el extranjero; una ampliación extraordinaria del comercio interior que pronto generaría peticiones de nuevas carreteras y canales. En estas circunstancias cambiantes, las ciudades sin territorios interiores que explotar iniciaron un relativo declive. La ciudad de Newport, en Rhode Island, había sido un puerto colonial floreciente, pero al carecer de tierras interiores para la oferta y la comercialización, se convirtió rápidamente en insignificante comercialmente.

La propia guerra revolucionaria fue, al mismo tiempo, una fuerza destructora y creadora y afectó a casi todo el mundo de una forma o de otra. Al igual que todas las guerras, destruyó los canales de comercio conocidos y produjo nuevas fuentes de riqueza. Durante los ocho largos años que duró, puede que hasta doscientos mil hombres tomaran las armas en un momento u otro en el Ejército Continental o en las milicias estatales. Todos esos soldados tenían que ser vestidos, alimentados, alojados, armados y trasladados. Thomas Paine no era consciente ni de la mitad de todo esto cuando, en 1776, escribió que «las necesidades de un ejército crean un nuevo comercio». Las inagotables necesidades que tres ejércitos –el británico y el francés, además del norteamericano– tenían de todo, desde mantas y carromatos hasta carne y ron, engendraron gran cantidad de nuevos intereses fabriles y empresariales y convirtieron en agricultores de mercado a pequeños granjeros que antes apenas habían comerciado fuera de sus vecindades. Al mismo tiempo, los agentes militares de compras se convirtieron en caldo de cultivo del que saldrían tanto pequeños empresarios como poderosos capitalistas de la posguerra, como Robert Morris de Pensilvania y Jeremiah Wadsworth de Connecticut, que estaba a cargo de la financiación y contratación del Congreso.

Dado que los estados revolucionarios eran reacios a imponer impuestos a sus ciudadanos y dado que el Congreso no tenía la autoridad legal para hacerlo, los gobiernos tenían que apoyarse en el endeudamiento para pagar todas las mercancías que necesitaban para la campaña bélica. Pero el endeudamiento no llegaba a reunir las sumas necesarias. Así pues, tanto el Congreso como los gobiernos de los estados recurrían a la emisión abundante de papel moneda. Estas cartas de crédito, que los gobiernos prometían redimir en una fecha futura, eran entregadas a los ciudadanos a cambio de abastecimientos y servicios.

La moneda emitida por los gobiernos del Congreso y de los estados llegó a totalizar casi cuatrocientos millones de dólares en valor de papel y llevó a una inflación socialmente desintegradora. En 1781, 167 dólares de papel del Congreso valían solo un dólar en monedas (oro y plata) y la depreciación de los billetes de los estados era casi igual de mala. Mientras que los acreedores, los asalariados y los que tenían unos ingresos relativamente fijos se vieron dañados por esa inflación, muchos de los que eran más activos en la nueva economía –aquellos que compraban y vendían mercancías rápidamente– se beneficiaron. Estos billetes circulantes permitieron a innumerables cultivadores y comerciantes de productos generales salir de una simple economía de trueque o libro de cuentas personal y especializarse y participar de forma más independiente y personal en el mercado que en el pasado. Al final, la revolución liberó unas energías económicas latentes que pusieron a Norteamérica rumbo a un rápido desarrollo comercial raramente igualado por país alguno en la historia del mundo.

Efectos de la revolución

Más allá de esos efectos económicos y sociales inmediatos, había otras fuerzas más profundas y duraderas que se vieron enormemente afectadas por la revolución y las ideas republicanas. Pese a la disminución de la inmigración y a la pérdida de los emigrados leales a la Corona, la población continuó creciendo. Es más, los años ochenta vieron el ritmo más rápido de crecimiento demográfico de cualquier década en la historia norteamericana, como consecuencia de unos matrimonios tempranos y de unas expectativas de futuro altas. Después de verse demorada durante los últimos años de la década de los setenta por el conflicto bélico intermitente contra los británicos y los indios, esta población cada vez más numerosa reanudó su marcha hacia el oeste. «La población del país de Kentucky te sorprenderá –escribía un inmigrante en 1785–;

en junio de 1779, el número total de habitantes era de solo ciento setenta y seis y ahora superan los treinta mil.» En una década, Kentucky había llegado a ser más populoso que la mayoría de colonias en el momento de la revolución. De hecho, se ocupó más territorio en la primera generación posterior a la revolución que durante todo el período colonial.

Por supuesto, en los sueños de los norteamericanos blancos por el oeste tras los Apalaches había poco o ningún espacio para las decenas de miles de indios que vivían allí. Aunque el Congreso de la Confederación de 1787 prometió que «la máxima buena fe será observada siempre hacia los indios, [y que] sus tierras y propiedades nunca serán tomadas sin su consentimiento», la Ordenanza del Noroeste daba por sentado que el destino de esa zona pertenecía a los colonos norteamericanos blancos.

Aunque muchos blancos admiraban a los indios por su libertad, la idea de libertad e independencia que tenían los anglonorteamericanos era muy diferente de la de los indios. Allí donde los hombres blancos concebían la libertad en términos de poseer su propia parcela de tierra agrícola cultivada, los hombres indios la veían en términos de su capacidad para recorrer el territorio y cazar a voluntad. Al igual que muchos miembros de las clases altas norteamericanas, los guerreros indios no creían que tuvieran que trabajar arando los campos; dejaban los trabajos manuales a las mujeres, con gran escándalo de muchos blancos. En realidad, tan poco natural para los norteamericanos procedentes de Europa era la idea de que las mujeres se cuidaran de la agricultura que les costó mucho reconocer que los indios practicaran agricultura alguna. Finalmente, esta negativa de que los indios cultivaran realmente la tierra se convirtió en la justificación de los norteamericanos para quitársela. Esperaban que los indios se convirtieran en granjeros, es decir, civilizados, o que dejaran el paso libre a los colonos.

La independencia norteamericana de Gran Bretaña en 1783 fue un desastre para los indios. Muchas de las tribus del noroeste y el sudeste se habían aliado con los británicos y con el tratado de paz descubrieron que Gran Bretaña había cedido la soberanía de sus tierras a Estados Unidos. Como dijo un portavoz de los weas quejándose ante sus aliados británicos al enterarse del tratado, «Al esforzarnos por ayudaros, parece que hemos forjado nuestra propia ruina». Como un número tan elevado de indios había luchado al lado de los británicos, los norteamericanos tendían a considerar enemigos incluso a aquellos que habían sido sus aliados durante la revolución. En los años ochenta, muchos norteamericanos occidentales compartían las expectativas del cazador de indios George Rogers Clark; esperaban que todos los indios fueran exterminados.

Basada como estaba en una sociedad jerárquica desigual, a la Corona británica le resultaba fácil tratar a los indios como súbditos. Pero la nueva república de Estados Unidos no tenía súbditos, solo ciudadanos iguales. Dado que resultaba difícil que los norteamericanos blancos pensaran en los indios como ciudadanos iguales a ellos, tenían que verlos como naciones extranjeras. En los años ochenta, el gobierno de la Confederación quería asumir el control de los asuntos indios y establecer relaciones pacíficas con ellos. Aunque el Congreso de la Confederación habló repetidamente de sus deseos de ser justos y equitativos con los indios, los consideraba naciones conquistadas. En varios tratados entre el gobierno de la Confederación y algunas de las diversas naciones o tribus, a mediados de los años ochenta, Estados Unidos trató de establecer unos límites fronterizos más o menos fijos entre los blancos y los indios, a cambio de que estos les cedieran los derechos a la tierra. Convencidos de que Norteamérica poseía las tierras por derecho de conquista, Estados Unidos no ofrecía a los indios compensación alguna por las tierras cedidas.

Pero el gobierno de la Confederación era débil. Los estados no solo pasaron por alto los tratados e hicieron sus propios acuerdos con los indios, sino que los colonos y ocupantes ilegales actuaban sin respetar ninguna autoridad. La idea de las ordenanzas de los años ochenta al suponer que los colonos se trasladarían hacia el oeste de una forma pulcra y ordenada era ilusoria. Antes al contrario, rechazaron las tierras caras, vulneraron los derechos de los indios y se desplazaron de forma irregular, caótica y desequilibrada, saltando de un lugar a otro y dejando detrás de ellos enormes extensiones de tierra sin colonizar y grupos de indios acorralados. Para 1787, muchos de esos indios habían repudiado los tratados que algunos de sus miembros se habían visto obligados a firmar y trataban de formar confederaciones a fin de resistir el avance blanco. Era inevitable que la guerra y el derramamiento de sangre continuaran.

Pese a la presencia de los indios, la población norteamericana siguió creciendo y desplazándose de una manera espectacular, debilitando más todavía las formas tradicionales de organización social. Una población tan en movimiento, como dijo un habitante de Kentucky a Madison en 1792, «debe formar una masa muy diferente a la de otra compuesta de hombres nacidos y criados en el mismo lugar [...]. No ven a nadie a su alrededor ante quien o ante cuya familia estén acostumbrados a sentirse inferiores». La ideología del republicanismo intensificaba esa evolución. En una república, declaraba un escritor en 1787 en el *American Museum* (la más importante de las diversas revistas norteamericanas surgidas en los años de la posguerra), «se respira la idea de igualdad en todas partes y cada individuo siente la ambición de estar en una situación que no sea inferior a la de su vecino».

La igualdad republicana era entonces un grito de unión para los miembros de las clases medias con aspiraciones, que en esos tiempos mostraban un resentimiento más abierto hacia aquellos que habían creído que eran sus superiores sociales. La protesta generalizada contra la Sociedad de los Cincinnati expresaba ese resentimiento. En 1783, unos oficiales del ejército revolucionario, con el fin de conmemorar y perpetuar su participación en la guerra, formaron la Orden de los Cincinnati, llamada así en honor del legendario líder de la Roma republicana, Cincinnatus, que se retiró de la guerra para volver a tomar el arado. Aunque Washington había aceptado presidir la organización, los Cincinnati despertaron una furiosa hostilidad. Viejos patriotas como Samuel Adams opinaron que la Orden representaba «el paso más rápido hacia una nobleza militar nunca dado en tan corto espacio de tiempo». Esta clase de críticas feroces obligó a los oficiales a retirar algunas de sus pretensiones y pronto los Cincinnati se convirtieron en otro más de los muchos grupos de presión que nacían en un país que, como dijo el gobernador de Carolina del Sur en 1784, se había vuelto «loco por formar sociedades».

Algunos ciudadanos, fervientes defensores de la igualdad, atacaban las distinciones de todo tipo, incluyendo la pertenencia a clubes sociales o el vestir ropa elegante importada. Los caballeros de algunas zonas del Norte descubrieron que las marcas tradicionales de autoridad social —crianza, educación, buenos modales— se convertían en un lastre si querían alcanzar el liderazgo político. Los ciudadanos corrientes reclamaban entonces su derecho a los títulos —*Mr.* y *Mrs.*— que antes solo pertenecían a las clases altas. En esta nueva sociedad republicana nadie quería depender de nadie. En Filadelfia, la proporción de sirvientes blancos en la fuerza laboral, que a mediados de siglo era del 40 al 50 por ciento, cayó en picado y, hacia finales del siglo, la servidumbre forzosa prácticamente había desaparecido. Los visitantes extranjeros se quedaban estupefactos por la resistencia de los sirvientes norteamericanos a dirigirse a sus amos y amas como a sus superiores y por su negativa a admitir que eran otra cosa que «ayuda». Para muchos norteamericanos, vivir en un país libre significaba no tener que quitarse nunca el sombrero ante nadie.

Este creciente igualitarismo no significaba que la riqueza estuviera mejor distribuida que en la Norteamérica anterior a la revolución. Bien al contrario, estaba repartida de forma más desigual que antes. Sin embargo, los norteamericanos se sentían más iguales y eso era lo que importaba. Después de todo, la riqueza como medio de que una persona se declarara superior a otra se aceptaba más fácilmente que el nacimiento, la crianza, la herencia familiar, la nobleza o incluso la educación y era más fácil de igualar o superar por medio del esfuerzo. Las relaciones se basaban entonces, cada vez más, en el dinero en lugar de en la posición social. Las ciudades, por ejemplo, dejaron de asignar asientos en sus iglesias según la edad y la posición social y empezaron a subastar los reclinatorios para asignarlos al mejor postor. Los hombres ricos empezaron a alardear de sus orígenes humildes, algo que no era corriente anteriormente. Cuando, en 1784, un político de Carolina del Sur fue elogiado en la prensa por ser un hombre que se había establecido solo, sin «tener ni parientes ni amigos, salvo los que su dinero hacía por él», es que había tenido lugar una revolución radical, aunque sutil, en la forma de pensar. Cuando en los años noventa se publicó, de forma póstuma, la autobiografía de Benjamin Franklin nació la celebración del «hombre que se ha hecho a sí mismo» propia del siglo XIX.

Para finales del siglo XVIII el paternalismo existente en la anterior sociedad monárquica estaba en plena confusión. Los aprendices ya no dependían de la familia de su maestro, sino que, por el contrario, se habían convertido en empleados en período de formación en un negocio que, cada vez más, tenía lugar fuera del hogar. Los artesanos hacían menos trabajos a la medida o por encargo para patrones particulares de los cuales dependían personalmente; en cambio, producían sus artículos de forma creciente para unos mercados impersonales. Los maestros de los diferentes oficios, en lugar de ser patriarcas vinculados paternalmente a sus jornaleros, eran patronos que pagaban a sus empleados un salario en metálico. Conforme los maestros se convertían en patronos y los jornaleros en empleados, sus intereses se iban haciendo más distintos y conflictivos que antes. En 1786, por vez primera en la historia de Norteamérica, los empleados participaron en una huelga contra sus patronos. Por su parte, estos recurrían entonces a los tribunales para hacer cumplir lo que antes se entendía como una relación recíproca y personal.

Reformas republicanas

Como los republicanos creían que no nacemos para ser lo que quizá lleguemos a ser, confiaban, como ningún otro pueblo en los tiempos modernos, en que tenían la capacidad de rehacerse y de rehacer el futuro tal como quisieran. Al doctor Benjamin Rush le impresionó mucho el entusiasmo demostrado por los norteamericanos en una fiesta celebrada en Filadelfia en julio de 1782, en honor del nacimiento del heredero a la Corona francesa. Comprendió que los norteamericanos protestantes celebraban entonces alegremente lo que, durante mucho tiempo, les habían enseñado a odiar; es decir, la monarquía católica francesa. La fiesta, dijo, «nos muestra con la perspectiva más clara que no hay prejuicios tan fuertes, opiniones tan sagradas ni contradicciones tan palpables que no se rindan ante el amor a la libertad». Dado que la libre y republicana Norteamérica estaba «en un estado plástico [donde] todo es nuevo y flexible, [...] parece destinada por el cielo —decía Rush— para exhibir ante el mundo la perfección que la mente del hombre es capaz de recibir de la actuación conjunta de la libertad, la educación y el evangelio sobre ella».

En los años posteriores a su revolución, los norteamericanos pusieron manos a la obra para reformar su cultura, dentro de sus denodados esfuerzos por hacer que sus ideas y maneras estuvieran de acuerdo con sus nuevos gobiernos republicanos. Como Samuel Stanhope Smith, que pronto sería rector de Princeton, le dijo a James Madison poco después de la independencia, los hombres ilustrados podían creer que mediante las leyes republicanas era posible crear y nutrir unos nuevos principios inveterados, «constantes y autorizados guardianes de la virtud», y que esos principios, junto con el poder de la mente, podían dar una nueva orientación a «las ideas y motivos [del pueblo]». Mediante el constante ejercicio de la razón, «recordando las imágenes perdidas de la virtud, meditando sobre ellas y usándolas como motivos para actuar, hasta que venzan a las del vicio una y otra vez [...], hasta que después de repetidos esfuerzos y muchos intentos frustrados, por fin adquieran la superioridad usual». Mediante esos esfuerzos, a los norteamericanos les parecía posible crear una sociedad de «virtud consabida». De esas premisas surgieron los intentos revolucionarios por llevar a cabo una reforma moral y social, buena parte de la iconografía republicana y, quizá lo más importante, la devoción republicana, en palabras de Smith, a «la enorme importancia de una temprana educación virtuosa».

Sabían que la tiranía se fundaba en la ignorancia. Como se hacía constar en la Constitución de Massachusetts de 1780, «La sabiduría y el saber, así como la virtud difundida generalmente entre el pueblo [son] necesarias para la conservación de los derechos y las libertades». La consecuencia de este ideario revolucionario fue un torrente de discursos y escritos sobre la importancia de la educación, una abundancia que raramente se ha igualado en la historia de Norteamérica. La obsesión nacional por la educación nació con la revolución.

Aunque en el año 1776 en Norteamérica solo había

nueve universidades, en los veintiséis años siguientes se fundaron dieciséis más. Al mismo tiempo, muchos líderes revolucionarios elaboraron planes exhaustivos para poner en marcha sistemas de escuelas públicas. Aunque de forma inmediata, esos planes dieron escasos frutos, el ideal republicano de la responsabilidad fundamental que el estado tiene en la educación de todos sus ciudadanos permaneció vivo y se llevó, finalmente, a la práctica en el movimiento por la escuela común de principios del siglo XIX.

La escolaridad oficial era, por supuesto, solo una parte de lo que los revolucionarios querían decir por educación. Se formaron numerosas organizaciones científicas y sociedades médicas y se inundó el país con todo tipo de material impreso. Tres cuartas partes de todos los libros y panfletos publicados en Norteamérica entre 1637 y 1800 aparecieron en los últimos treinta y cinco años del siglo XVIII. Entre 1786 y 1795 se fundaron veintiocho revistas académicas y de buenas maneras, seis más en esos pocos años que en todo el período colonial. Dado que los norteamericanos querían llegar a ser un pueblo civilizado y refinado, querían manuales orientadores para todo, desde cómo escribir cartas a los amigos a cómo ponerse de puntillas antes de hacer una reverencia. Dos tercios de los libros sobre ortografía publicados en el siglo XVIII vieron la luz en los últimos diecisiete años del siglo, entre 1783 y 1800. A principios del siglo XIX, el manual de ortografía de Noah Webster, publicado por primera vez en 1783, había vendido 3 millones de ejemplares.

Aunque la redacción y la ortografía eran importantes, no lo eran tanto como la lectura. Las pocas bibliotecas privadas que existían en las ciudades en el período colonial se habían completado con otras públicas, las cuales a su vez patrocinaban un número creciente de clubes de lectura, conferencias y sociedades de debate. Aunque los periódicos eran relativamente raros antes de la revolución, pronto empezaron a aparecer a un ritmo asombroso, que convirtió a los norteamericanos, en un breve espacio de tiempo, en el pueblo que más periódicos leía en todo el mundo.

Como pensaban que una de sus peculiaridades era la de ser un pueblo con sentimientos y sensibilidad, estaban ansiosos por crear sociedades caritativas y humanitarias. Se formaron más sociedades de ese tipo en la década siguiente a la revolución que en todo el período colonial. Estas sociedades caritativas atendían a los enfermos, ayudaban a los pobres laboriosos, alojaban a los huérfanos, alimentaban a quienes estaban presos por deudas, construían cabañas para los marineros naufragados y, en el caso de la Massachusetts Humane Society, incluso intentaban resucitar a los que padecían «animación suspendida», es decir, a aquellos que, como los ahogados, parecían estar muertos, pero no lo estaban.

Jefferson y otros líderes revolucionarios elaboraron planes para liberalizar los duros códigos penales heredados del período colonial. Pensilvania inició el camino aboliendo la pena de muerte para todos los delitos, salvo el asesinato. En lugar de castigar públicamente a los delincuentes, como en el pasado, por medio de castigos físicos como los azotes, la mutilación y la ejecución, Pensilvania inició el experimento de confinarlos en celdas de aislamiento en unas penitenciarías que estaban pensadas para ser escuelas reformadoras. Otros estados siguieron pronto el ejemplo. En ningún otro lugar del mundo occidental se llevaron tan lejos esas reformas penales como en Norteamérica.

Escuelas, asociaciones de beneficencia y penitenciarías eran, todas, muy importantes para reformar la sociedad y hacer que fuera más republicana. Pero ninguna de ellas podía compararse con la más básica de las instituciones sociales; es decir, la familia. Al rechazar la monarquía y los antiguos lazos paternalistas de gobierno y afirmar los derechos y libertades de los individuos, la revolución afectó inevitablemente a las relaciones en el seno de la familia. Abolió los antiguos modelos hereditarios ingleses y los instrumentos legales de la aristocracia, destinados a mantener la línea troncal de los bienes (vinculación) y sacrificar los intereses de los hijos menores a los del mayor (primogenitura). Muchos de los estados aprobaron las nuevas leyes de la herencia que reconocían mayor igualdad entre hijos e hijas. Por todas partes, los novelistas y otros escritores de los años posteriores a la revolución destacaban la importancia de educar a los niños para que fueran ciudadanos racionales e independientes.

Aunque hubo pocos cambios legales en la autoridad del marido sobre su mujer, la relación tradicional se cuestionaba entonces de una manera que no se había hecho antes. La revolución hizo que los norteamericanos fueran más conscientes que nunca de la reivindicación de igualdad de derechos para las mujeres. Algunas mujeres se oponían entonces a la expresión de obediencia en los votos matrimoniales porque convertía a la mujer en «esclava» de su marido. Debido a la presión, incluso algunas de las antiguas leyes patriarcales empezaron a cambiar. Los nuevos estados republicanos reconocieron los derechos de la mujer al divorcio y a hacer contratos y negocios en ausencia de sus esposos. Las mujeres empezaron a afirmar que los derechos no pertenecían solo a los hombres y que, si las mujeres tenían derechos, ya no podían ser consideradas inferiores a los hombres. En 1790, Judith Sargent Murray, hija de un destacado político de Massachusetts, que escribía bajo el seudónimo de «Constantia», publicó un ensayo titulado *On the Equality of the Sexes*. Por todas partes aparecían escritos populares en los que se describía el perfecto matrimonio republicano. No se basaba en la propiedad sino en el amor, en la razón y el respeto mutuo. En él, las mujeres tenían un cometido importante, que era inculcar la virtud en sus esposos e hijos. El nuevo realce dado a este cometido de las esposas y las madres significaba que las mujeres debían recibir educación igual que los hombres. Por consiguiente, durante las dos décadas que siguieron a la revolución, se fundaron numerosas academias solo para la instrucción avanzada de las mujeres, un adelanto sin paralelo en otros lugares del mundo. Aun cuando, casi en todas partes, se negaba a las mujeres el derecho al voto, algunas mujeres de la clase alta empezaron a actuar como agentes políticos por derecho propio, utilizando sus dotes sociales y empleando diversas instituciones no oficiales para establecer conexiones, acordar tratos y ayudar a crear una clase dominante en Norteamérica.

Contra la esclavitud

Ninguna institución se vio afectada más directamente por el espíritu liberalizador de la revolución que la pro-

piedad de esclavos. Por supuesto, la esclavitud de casi
medio millón de negros no fue erradicada por la revolución y, a los ojos de la sociedad moderna, este fallo en
medio del discurso sobre la libertad e igualdad se con-
vierte en la única incoherencia flagrante e incluso hipó-
crita de la era revolucionaria. En realidad, había más negros que vivían sometidos a la esclavitud al final de la era
revolucionaria que al principio y, en algunas partes de
Norteamérica, la esclavitud, lejos de disminuir, estaba a
punto de iniciar su máxima expansión. Pese a ello, la revolución tuvo, a la larga, un efecto poderoso en la eliminación de la esclavitud. De forma súbita y efectiva acabó
con el ambiente social e intelectual que había permitido
que la esclavitud existiera durante miles de años sin que
nadie la cuestionara seriamente.

En su mayoría los colonos la daban por sentada, la
veían como parte del orden natural de una sociedad monárquica y como uno de los aspectos de la brutalidad y
del bajo precio de la vida, en general, de aquellos tiempos premodernos y prehumanitarios. Originalmente, la
esclavitud era considerada meramente como la posición
más baja y degradada dentro de una jerarquía con muchos rangos y niveles de libertad y falta de libertad, y esa
actitud se seguía manteniendo. En la Norteamérica pre-
rrevolucionaria continuaban existiendo el sometimiento
y la servidumbre en muchas formas y los colonos no
sentían que fuera necesario defender la esclavitud más
que cualquier otra forma de degradación. No obstante,
entonces de repente, la ciudadanía republicana ponía en
tela de juicio todo tipo de dependencias personales. Por
vez primera en su historia, los norteamericanos se veían
obligados a hacer frente a la esclavitud presente entre

ellos como una aberración, como una «institución peculiar» y, si decidían mantenerla, debían explicarla y justificarla.

Incluso antes de la Declaración de Independencia, el ambiente libertario de la controversia imperial había dejado al descubierto la atroz contradicción de la esclavitud. En 1764, James Otis declaraba que todos los colonos «por ley de la naturaleza [habían] nacido libres, como en realidad todos los hombres, blancos o negros [...] ¿Se deduce de esto que es justo esclavizar a un hombre porque es negro?». ¿Cómo podían los norteamericanos blancos luchar por la libertad mientras mantenían a otros hombres en la esclavitud? Cuando la crisis se fue ahondando, esas preguntas se hicieron cada vez más insistentes.

Los esfuerzos iniciales por acabar con esa contradicción se dirigieron hacia la trata de esclavos. En 1774, el Congreso Continental instaba a la abolición del comercio de esclavos, lo cual hicieron rápidamente media docena de los estados norteños. En 1775, los cuáqueros de Filadelfia formaron la primera sociedad contra la esclavitud del mundo y pronto se organizaron sociedades similares en otros lugares, incluso en el Sur. Durante la guerra, el Congreso y los estados del Norte, junto con Maryland, liberaban a los esclavos negros que se alistaran en sus ejércitos. La revolución actuó de diversas maneras para debilitar la institución.

En el Norte, la esclavitud existente era menos dura que la del Sur y no tenía unas raíces tan profundas en la sociedad o la economía. Así pues, era más susceptible a las presiones políticas y, muy lentamente y con muchas vacilaciones, empezó a disminuir. En las décadas posteriores a la revolución los estados norteños tomaron medidas para destruir la práctica institucionalizada y, en 1804, todos ellos se habían comprometido con la emancipación de una u otra manera. En muchos casos, los propios negros tomaron la iniciativa, utilizando el lenguaje revolucionario de la libertad para atacar la esclavitud. Al llegar 1810 el número de negros libres en los estados del Norte había pasado de unos cientos en 1770 a casi cincuenta mil. La visión revolucionaria de una sociedad de propietarios independientes llevó al Congreso, en los años ochenta, a prohibir específicamente la esclavitud en el nuevo Territorio del Noroeste, entre los Apalaches y el Mississippi. La nueva Constitución federal prometía, en 1808, poner fin a la importación internacional de esclavos, con lo cual muchos esperaban que la práctica se paralizaría. En realidad, todos los líderes revolucionarios, incluyendo a los sureños como Jefferson, Patrick Henry y Henry Laurens, deploraban la injusticia de la esclavitud y daban por sentado que pronto se extinguiría. Fue, quizá, la más ilusoria de las diversas falsas ilusiones que los líderes revolucionarios tenían sobre el futuro de Norteamérica.

Al principio, parecía como si la esclavitud pudiera eliminarse sin más incluso en el Sur. Allí existían más sociedades antiesclavistas que en el Norte y las manumisiones fueron muy corrientes en el período inmediatamente posterior a la revolución; solo en Virginia el número de negros libres aumentó desde tres mil, en 1780, a trece mil para 1790. Pero en definitiva, la esclavitud en el Sur estaba demasiado arraigada para ser abolida legislativamente o judicialmente. Los sureños blancos que habían estado en la vanguardia del movimiento revolucionario y se contaban entre los portavoces más fervientes de sus principios libertarios empezaron a partir de entonces a desarrollar un incómodo sentido de diferencia respecto al resto de Norteamérica que nunca antes habían sentido en la misma medida. En los años noventa, el Sur temía de forma creciente, temor alimentado por las insurrecciones de los negros en Santo Domingo, la fortalecida y cada vez más impetuosa idea revolucionaria de que todos los pueblos, tanto blancos como negros, ansiaban la libertad.

La religión republicana

En el Nuevo Mundo que los norteamericanos estaban construyendo, un mundo republicano de «benevolencia comprensiva» que expresara «todas las virtudes sociales y divinas», la religión tenía un papel importante. Después de todo, lo que pedía el republicanismo era, precisamente, librar a Norteamérica del pecado y el lujo. Así, a diferencia de la Iglesia en Europa, las iglesias norteamericanas estuvieron en primera línea del movimiento revolucionario. De hecho, fue el clero quien hizo que la revolución tuviera sentido para la gente corriente. Por cada caballero que leía panfletos eruditos y hurgaba en las teorías *whig* y en la historia antigua para dar una explicación a los acontecimientos, había docenas de personas corrientes que leían la Biblia y acudían a sus pastores para conseguir una interpretación del significado milenarista de la revolución. La «ciudad sobre un monte» de los puritanos asumía entonces un carácter republicano, convirtiéndose, en la evocadora frase de Samuel Adams, en «la Esparta cristiana».

Es cierto que muchos de los ilustres dirigentes políticos de la revolución no eran muy religiosos emocionalmente. En el mejor de los casos se limitaban a creer, de forma pasiva, en la cristiandad organizada y, en el peor, se burlaban de ella y la ridiculizaban. La mayoría eran deístas o practicantes tibios y miraban con desdén la emoción y el entusiasmo religiosos. Washington, por ejemplo, asistía con frecuencia a la iglesia, pero raramente se refería a Dios de otra forma que como «el Gran Hacedor de los acontecimientos», y en ninguno de sus voluminosos escritos mencionó ni una sola vez a Jesucristo. Sin embargo, esto no era cierto de la gran mayoría de la gente común. En su mayor parte, los norteamericanos corrientes eran muy religiosos y seguían concibiendo el mundo en términos religiosos. Cuando, en el curso de la revolución, su autoridad aumentó, su religiosidad les acompañó.

Desde el inicio de la controversia revolucionaria, los norteamericanos afirmaron que las fuerzas oscuras de la tiranía civil y la tiranía religiosa iban unidas. Todas las constituciones revolucionarias de 1776 manifestaban, en un modo u otro, la libertad religiosa. Sin embargo, las declaraciones constitucionales, como la Declaración de Derechos de Virginia, que afirmaban que «todos los hombres tienen el mismo derecho al libre ejercicio de la religión, según los dictados de su conciencia» no significaban necesariamente que el gobierno abandonaría su papel tradicional en los asuntos religiosos. Por supuesto, el reconocimiento oficial de la Iglesia de Inglaterra que existía en varias colonias fue inmediatamente eliminado. Pero las constituciones revolucionarias de Maryland, Carolina del Sur y Georgia autorizaban a sus asambleas legislativas a crear, en lugar de la Iglesia anglicana, una especie de reconocimiento múltiple de una serie de grupos religiosos, utilizando el dinero de los impuestos para sostener «la religión cristiana».

Los virginianos, especialmente, estaban divididos respecto al sentido de su declaración de 1776 sobre la libertad religiosa. Los liberales como Jefferson y Madison se unieron a un número creciente de disidentes presbiterianos y baptistas para oponerse a los clérigos y terratenientes anglicanos en una reñida, pero finalmente triunfal batalla por privar completamente a la Iglesia de Inglaterra de su reconocimiento oficial. En 1786, esa batalla alcanzó su clímax con la aprobación de la memorable «ley para establecer la libertad religiosa», de Jefferson, que recoge esta extraordinaria afirmación: «Nuestros derechos civiles no tienen ninguna dependencia de nuestras opiniones religiosas, como tampoco la tienen de nuestras opiniones sobre física o geometría». Esta declaración iba mucho más lejos de lo que la mayoría de norteamericanos corrientes estaban dispuestos a aceptar. Muchos de los estados conservaron ciertos requisitos religiosos vagos o generales para los cargos públicos y tanto Connecticut como Massachusetts continuaron reconociendo la posición modificada, pero todavía oficial, de la Iglesia congregacional establecida. Pero esas instituciones ortodoxas y tradicionales dominadas por las élites tenían los días contados.

En los años que siguieron a la revolución, todas las antiguas jerarquías aristocráticas y monárquicas del siglo XVIII, ya debilitadas y frágiles, se vinieron abajo. Los vínculos que habían mantenido unido al pueblo durante siglos de innumerables maneras se tensaron hasta romperse, dejándolo libre en un porcentaje sin precedentes. La revolución partió en pedazos las estructuras de autoridad tradicionales y la gente corriente fue descubriendo que ya no tenía que aceptar las viejas distinciones que la separaban de los niveles superiores de las clases altas. Agricultores, comerciantes y artesanos empezaron a pensar que eran tan buenos como cualquier caballero y que, realmente, contaban en la evolución de los acontecimientos. No solo se equiparaba al pueblo con Dios, sino que a unos labradores medio analfabetos les decían (y lo hacían incluso aristócratas como Thomas Jefferson) que tenían tanto sentido común o moral como los eruditos profesores universitarios.

Cuando las personas corrientes fueron conscientes de su semiilustración, pensaron que, de repente, se habían convertido en sabias. A través de los periódicos, almanaques, folletos, opúsculos, publicaciones periódicas, conferencias y otros medios, la gente corriente adquirió unos conocimientos rudimentarios sobre cosas que antes habían estado reservadas a las élites educadas. Al mismo tiempo, les decían que su recién adquirido saber era tan bueno como el que tenían los que «habían ido a la universidad». En tales circunstancias, la verdad misma se democratizó y los límites que la Ilustración del siglo XVIII había construido tan esforzadamente entre religión y magia, ciencia y superstición, naturalismo y supernaturalismo se desdibujaron. El magnetismo animal parecía tan legítimo como la gravedad. Buscar metales ocultos con una varilla de zahorí parecía tan racional como el funcionamiento de la electricidad. Las especulaciones populares sobre las tribus perdidas de Israel parecían tan plausibles como los doctos estudios sobre los orígenes de los túmulos indios del noroeste. Y los rudimentarios remedios populares eran considerados tan científicos como las curas por sangría de la medicina ilustrada.

La insistencia de la Ilustración en la urbanidad moderna y en la moralidad de sentido común se unió al tradicional mensaje de la caridad cristiana para hacer que las décadas que siguieron a la revolución fueran una gran era de benevolencia y comunalismo. Figuras tan diversas como Jefferson, Samuel Hopkins y Thomas Campbell le decían al pueblo que lo único que tenían que hacer era creer en un único Dios y amar a sus prójimos como a ellos mismos. Pero muchos de los líderes ilustrados y deístas liberales apenas comprendían lo que estaba pasando. Mientras que Jefferson, por ejemplo, incluso hasta 1822 continuó prediciendo que, en Norteamérica, todos acabarían siendo unitarios, la cristiandad evangélica popular barría el país.

Las antiguas Iglesias estatales que habían dominado la sociedad colonial durante un siglo y medio —la anglicana, la congregacional y la presbiteriana— se vieron suplantadas, de repente, por nuevas confesiones religiosas y sectas que, en algunos casos, eran totalmente desconocidas hasta entonces. Hasta 1760, las dos grandes Iglesias europeas establecidas —la Iglesia de Inglaterra en el Sur y las Iglesias puritanas en Nueva Inglaterra— representaban más del 40 por ciento de todas las congregaciones de Norteamérica. No obstante, para 1790, esa proporción de la ortodoxia religiosa había caído por debajo del 25 por ciento. En todo el país, las religiones tradicionales estaban a la defensiva.

Por todas partes, un número incontable de personas corrientes estaba creando nuevas comunidades religiosas evangélicas, igualitarias y emocionalmente satisfactorias. Aunque casi todas las principales iglesias coloniales decayeron o no consiguieron crecer respecto a otros grupos en los años entre 1760 y 1790, las congregaciones metodistas y baptistas crecían a pasos agigantados. Los baptistas pasaron de tener noventa y cinco congregaciones en 1760 a contar con ochocientas cincuenta y ocho en 1790, convirtiéndose en la mayor confesión religiosa de Norteamérica. Los metodistas no tenían absolutamente ningún fiel en 1760, pero para 1790 habían creado más de setecientas congregaciones e igualaban en número a las antiguas iglesias congregacionales y presbiterianas. No pasaría mucho tiempo antes de que los metodistas, organizados nacionalmente en circuitos y localmente en clases y atendidos por predicadores itinerantes incultos, se convirtieran en la Iglesia más importante de Norteamérica.

Para 1790, grupos entusiastas de baptistas, presbiterianos de la Nueva Luz y metodistas evangélicos habían pasado de ser insignificantes al centro de la sociedad. Pero incluso más notable que el crecimiento de esas religiones procedentes del Viejo Mundo, fue la súbita aparición de nuevas sectas y grupos religiosos utópicos de los que nadie había oído hablar antes −amigos universales, universalistas y *shakers* y toda una serie de grupos escindidos y sectas milenaristas. Casi de la noche a la mañana, toda la cultura religiosa se transformó y se sentaron los fundamentos para el desarrollo de un mundo religioso evangélico de confesiones que competían entre sí y que era exclusivo del cristianismo.

Al destruir las estructuras tradicionales de autoridad, la revolución abrió nuevas oportunidades religiosas para los analfabetos, los humildes y los influenciables. Tanto los baptistas como los metodistas animaban la predicación pública hecha por mujeres e incluso las iglesias protestantes más conservadoras empezaron a destacar el papel nuevo y especial de las mujeres en el proceso de redención. La religión era, en la práctica, una importante palestra pública donde las mujeres podían tener un papel importante. En el momento de la revolución, casi el 70 por ciento de los miembros de las iglesias de Nueva Inglaterra eran mujeres y, en las décadas siguientes, esta feminización de la cristiandad norteamericana no hizo sino crecer. Algunas de las sectas más radicales, como los *shakers* de la madre Ann Lee y los amigos universales de Jemima Wilkinson, permitían incluso el liderazgo femenino; de hecho, los *shakers* fueron el primer grupo religioso del país en reconocer oficialmente la igualdad de los sexos en todos los niveles de autoridad.

La revolución democrática e igualitaria de aquellos años hizo que las personas más corrientes y humildes pudieran expresar sus emociones y valores de formas que antes eran imposibles. Los conocimientos refinados, los catecismos oficiales, incluso la alfabetización ya no importaban tanto como en el pasado y los nuevos grupos religiosos podían reclutar a sus miembros entre las personas antes carentes de Iglesia. Bajo la influencia de las nuevas sectas evangélicas populares, miles de esclavos afroamericanos se cristianizaron y, en ocasiones, surgieron algunos negros, incluso esclavos negros, como predicadores y exhortadores. En los años ochenta y noventa un predicador negro, Andrew Bryan, organizó varias iglesias baptistas en Georgia, entre ellas la primera iglesia baptista que blancos o negros de Savannah habían visto. Al principio, tanto los baptistas como los metodistas condenaban la esclavitud y acogían gustosos a los negros como miembros plenos de su comunidad. De hecho, en algunas zonas del Sur, los primeros adeptos al metodismo fueron esclavos negros. Para 1800 casi uno de cada tres metodistas norteamericanos era afroamericano.

Aunque sabemos muy poco de las prácticas religiosas reales de las iglesias negras, los observadores blancos destacaban el rezo, la predicación y especialmente el canto como elementos fundamentales del culto negro. Las iglesias negras del Norte y las comunidades de esclavos del Sur hacían hincapié en la expresión de los sentimientos, mezclaban tradiciones africanas y formas, himnos y símbolos cristianos y creaban, en sus propios términos, religiones que encajaran en sus necesidades.

Pero no fueron solo los afroamericanos quienes llevaron más emoción a la religión. La revolución liberó torrentes de religiosidad y pasión populares en la vida norteamericana y, en todas partes, los blancos corrientes, al igual que los negros, revelaron abiertamente sus sentimientos religiosos como nunca lo habían hecho antes. Visiones, sueños, profecías y nuevas búsquedas religiosas empapadas de emoción adquirieron una nueva importancia popular y la gente corriente se sintió más libre de expresar sus ideas supersticiosas y populares, antes reprimidas. Florecieron públicamente las varitas de zahorí, la adivinación, la astrología, la búsqueda de tesoros y la medicina popular, como no lo habían hecho desde el siglo XVII. Las creencias y los fetiches populares antiguos y soterrados salieron a la luz y se fundieron con las prácticas cristianas tradicionales y la cultura literaria de las clases altas para crear una nueva amalgama religiosa popular.

En la confusión de la Norteamérica posrevoluciona-
ria, muchas personas corrientes se reunían en cualquier
sitio disponible –en campos, graneros, tabernas o casas–
para imponerse las manos mutuamente, lavarse los pies
unos a otros, ofrecerse besos de caridad, formar nuevos
vínculos de compañerismo, desnudar sus sentimientos,
tanto física como verbalmente, y cristianizar una serie de
ritos populares. Desde las «fiestas de amor» de los metodistas a las ceremonias danzantes de los *shakers*, cada individuo encontraba en la variedad de «ejercicios corpora-
les» evangélicos, poco refinados y a veces extraños, pero
emocionalmente satisfactorios, un medio para relacio-
narse con Dios y con los demás. Cuando no había clérigos preparados para velar por sus incipientes anhelos,
reclutaban líderes de entre ellos. Aparecieron nuevos predicadores, emprendedores y medio instruidos, que con-
jugaban exhibiciones de saber libresco con un lenguaje
llano y llamadas a todo tipo de emotividad. Estas técnicas
evangelistas renovadoras eran eficaces porque esos méto-
dos dinámicos y populares conseguían satisfacer mejor las
necesidades de unos hombres y mujeres desarraigados y
de mentalidad igualitaria que las instituciones eclesiales
estáticas basadas en normas tradicionales de deferencia
y monopolios elitistas de la ortodoxia. Estas personas
corrientes querían una religión que pudieran sentir personalmente y expresar libremente y las confesiones evangélicas les ofrecían precisamente eso, por lo general
acompañado de gran cantidad de cálida música popular y
canto de himnos.

En ningún lugar de la cristiandad estaba tan fragmen-
tada la religión. Pero tampoco en ningún lugar tenía tanta vitalidad. El protestantismo norteamericano se dividía

en una gran variedad de confesiones, ninguna de las cuales afirmaba tener el monopolio de la ortodoxia, pero de
las cuales surgía una verdad cristiana común. No existía
nada igual en todo el mundo occidental.

7

La Constitución federal

La revolución norteamericana, igual que todas las revoluciones, no podía hacer realidad todas las grandes esperanzas de sus líderes. Una década después de declarada la independencia, muchos líderes revolucionarios estaban empezando a dudar del camino que seguía Norteamérica. No solo eran conscientes de que la Confederación era demasiado débil para cumplir sus tareas, tanto dentro como fuera del país, sino que también empezaban a cambiar de idea sobre el inmenso poder que se había dado a las asambleas legislativas populares en 1776. A mediados de los años ochenta la frustración por el goteo de cambios aplicados a los Artículos de la Confederación se unió a una creciente preocupación por varios ejemplos de tiranía legislativa y por otras situaciones sociales y políticas de los estados para generar un poderoso impulso hacia el cambio constitucional. El resultado sería la Constitución federal de 1787.

Esta nueva Constitución, que sustituía a los Artículos de la Confederación, no solo limitaba la autoridad de los estados, sino que, además, creaba una concentración de poder sin precedentes en el nivel federal. Muchos norteamericanos solo podían llegar a la conclusión de que la nueva Constitución representaba un cambio tan radical como la propia revolución. A ojos de algunos, la inauguración de un nuevo gobierno federal prometía, por fin, la armonía y la estabilidad que permitirían que Norteamérica se convirtiera en una gloriosa gran nación.

El período crítico

Para algunos norteamericanos, los años ochenta representaban un período crítico, un momento en el cual la revolución y el experimento entero del republicanismo parecían estar en peligro. El mismo éxito de la revolución, al abrir oportunidades para la prosperidad de los estratos nuevos o inferiores de la población, ayudaba a crear una sensación de crisis entre ciertos miembros de la élite revolucionaria.

Había quien pensaba que demasiadas personas corrientes estaban distorsionando la igualdad republicana, desafiando la autoridad legítima y desdibujando esas distinciones naturales que todos los caballeros, incluso los caballeros republicanos, consideraban esenciales para el orden social. Por todas partes, aun entre los inquebrantables pequeños terratenientes independientes —«el pueblo elegido de Dios», de que hablaba Jefferson—, los intereses privados, el egoísmo y el afán por hacer dinero parecían estar destruyendo el afecto social y el espíritu público, las cualidades mismas de virtud que se requerían en los ciudadanos republicanos. La aprobación por las asambleas de los estados de leyes injustas y confusas —«despotismo democrático» se las llamó— indicaban que las personas pensaban demasiado en su propio interés para ser buenos republicanos. Por tanto, algunos creían que Norteamérica estaba condenada a compartir la suerte que habían corrido las antiguas repúblicas, Gran Bretaña y otras naciones corruptas. Los norteamericanos, según las conclusiones del gobernador William Livingston de New Jersey, recogidas en un dictamen elitista corriente en 1787, «no muestran la virtud que es necesaria para sostener un gobierno republicano».

La revolución había democratizado radicalmente las nuevas asambleas legislativas de los estados aumentando el número de sus miembros y alterando su carácter social. Hombres de un origen más humilde y rural y menos instruidos que los que antes se sentaban en las cámaras eran entonces representantes. En New Hampshire, por ejemplo, en 1765 la asamblea colonial solo contaba con treinta y cuatro miembros, casi todos ellos caballeros acaudalados de la región costera en torno a Portsmouth. En 1786, la Cámara de Representantes del estado había aumentando hasta tener ochenta y ocho miembros. La mayoría de ellos eran granjeros corrientes u hombres moderadamente ricos y muchos procedían de las zonas occidentales del estado. En otros estados, el cambio era menos espectacular, pero no menos significativo.

La necesidad de acercar los gobiernos de los estados a las personas corrientes también se reflejaba en el traslado de la mayoría de las capitales desde su situación colonial en la zona costera a nuevos lugares del interior −desde Portsmouth a Concord, en New Hampshire, desde la ciudad de Nueva York a Albany, desde las capitales coloniales duales de Burlington y Perth Amboy a Trenton, en New Jersey, desde Filadelfia a Lancaster, en Pensilvania, desde Williamsburg a Richmond, en Virginia, desde New Bern a Raleigh, en Carolina del Norte, desde Charleston a Columbia, en Carolina del Sur, y desde Savannah a Augusta, en Georgia.

En todas partes aumentaron el electoralismo y la competencia abierta por un cargo, junto con las demandas de mayor acceso público a las actividades gubernamentales. Se multiplicaron el número de elecciones impugnadas y la renovación de escaños legislativos. Las sesiones de las asambleas estaban abiertas al público y un creciente número de periódicos (que ya incluían los diarios) empezaron a informar de los debates legislativos. Unos líderes que se habían nombrado a sí mismos y hablando en nombre de grupos y localidades recién surgidos, aprovecharon el aumento del sufragio y las elecciones anuales a las cámaras legislativas (una innovación radical en la mayoría de estados) para buscar el ingreso en ellas. Nuevos empresarios de poca monta como Abraham Yates, abogado a tiempo parcial y zapatero de Albany, y William Findley, ex tejedor de origen escocés-irlandés, de la parte occidental de Pensilvania, orillaron la jerarquía tradicional y saltaron al liderazgo político en sus estados.

En estas circunstancias, apenas podía esperarse que muchas de las asambleas legislativas cumplieran lo que muchos revolucionarios de 1776 habían dado por sentado que era su responsabilidad republicana para promover el bien general. En todos los estados, había que tomar decisiones respecto a los colonos leales a la Corona y a sus propiedades confiscadas, a la distribución de impuestos entre los ciudadanos y a la economía. Sin embargo, en varios de ellos, con la inestabilidad política general, resultaba cada vez más difícil definir qué era el bienestar común. En los años ochenta, James Madison llegó a la conclusión de que «un espíritu de *localismo*» en las asambleas de los estados estaba destruyendo «los intereses globales de la comunidad». Pensaba que este espíritu localista era la consecuencia de que distritos o ciudades pequeñas eligieran miembros para las asambleas legislativas del estado. Cada representante, decía Ezra Stiles, rector de Yale, se preocupaba solo de los intereses particulares de sus electores. Siempre que se leía una ley en la asamblea, «cada uno piensa instantáneamente en cómo afectará a sus electores».

Esta clase de política estrecha de miras no era nueva para Norteamérica. Pero la proliferación de diferentes intereses económicos y sociales en los años posteriores a la revolución, junto con la mayor sensibilidad de las ampliadas asambleas populares elegidas hacia las exigencias conflictivas de los grupos de interés, aumentaba de forma espectacular la intensidad e importancia de una política localista dirigida a satisfacer esos intereses. Los granjeros endeudados clamaban por unos impuestos más bajos, la suspensión de las sentencias judiciales que exigían el recobro de las deudas y la emisión de papel moneda. Los comerciantes y acreedores exigían intereses más altos sobre la tierra, la protección de los contratos privados y el estímulo al comercio exterior. Los artesanos defendían la regulación de los precios de los productos agrícolas, la abolición de los monopolios mercantiles y la protección arancelaria contra las manufacturas importadas. Y los empresarios de todas partes pedían privilegios legales y subvenciones corporativas.

Todo este revoltijo político entre intereses enfrentados hacía que la legislación en los estados pareciera caótica. Las leyes, como decía el Consejo de Censores de Vermont en 1786, en lo que era una queja corriente, eran «modificadas, vueltas a modificar, mejoradas, empeoradas... y mantenidas en una situación tan fluctuante que los miembros de las comisiones civiles apenas saben qué es ley». Como señalaba James Madison, los estados promulgaron más leyes en la década posterior a la independencia que en todo el período colonial. Muchas de ellas eran simples decretos privados para casos particulares o resoluciones corrigiendo agravios menores. Pero todos los intentos de las asambleas para responder a las vehementes apelaciones y presiones de los diversos intereses desagradaban a tantos como satisfacían y ganaban el desprecio hacia la propia elaboración de leyes.

Hacia mediados de los años ochenta, muchos norteamericanos se habían convencido de que las asambleas legislativas de los estados y no los gobernadores eran la autoridad política que más temían. No solo algunas de las asambleas vulneraban los derechos individuales de los dueños de propiedades con su excesiva emisión de papel moneda y sus diversas leyes a favor de los deudores, sino que, además, en todos los estados las asambleas iban más allá de las generosas asignaciones de autoridad legislativa de las constituciones revolucionarias de 1776 y estaban absorbiendo numerosos deberes ejecutivos y judiciales; ordenando, por ejemplo, operaciones militares y anulando las sentencias de los tribunales. Empezaba a parecer que el poder legislativo, en un tiempo benévolo, no era más de fiar que el detestado poder de la Corona. Se suponía que los legisladores eran los representantes del pueblo que los elegía anualmente. Pero «con toda certeza ciento setenta y tres déspotas pueden ser tan opresivos como uno», escribió Jefferson en 1785 en sus *Notes on Virginia*. «Un *despotismo electivo* no es el gobierno por el que luchamos.»

Estos crecientes temores a unas cámaras legislativas tiránicas obligaron a muchos dirigentes a dudar de esas asambleas de elección popular. En realidad, la tinta aún no se había secado en las constituciones revolucionarias de los estados cuando algunos proponían que era necesario revisarlas. Empezando por la Constitución de Nueva York de 1777 y siguiendo por las de Massachusetts en 1780 y New Hampshire en 1784, quienes las hacían buscaban entonces una distribución muy diferente de los poderes de gobierno que la establecida en 1776.

En lugar de quitar todo el poder a los gobernadores para dárselo a las asambleas, especialmente a las cámaras bajas, como habían hecho las primeras constituciones, las nuevas reforzaban al ejecutivo, el senado y el cuerpo judicial. A muchos les pareció que, en particular, la Constitución de Massachusetts de 1780 había recuperado algunas de las mejores características del equilibrio constitucional inglés, que había quedado olvidado durante el período de entusiasmo popular de 1776. El nuevo gobernador de Massachusetts, con un salario fijo y elegido directamente por el pueblo, había recuperado parte de la independencia y algunos de los poderes de los viejos gobernadores reales, incluyendo el de nombrar cargos y vetar leyes.

Con la Constitución de Massachusetts como modelo, otros reformadores constitucionales, entre ellos Madison y Jefferson, en Virginia, y James Wilson y Robert Morris, en Pensilvania, trabajaron para revisar sus propias constituciones estatales. Se redujo el tamaño de las asambleas legislativas populares y se puso freno a su autoridad. Se instituyeron senados o cámaras altas allí donde no existían, como en Pensilvania, Georgia y Vermont. En los estados donde sí había senado, se le dio más estabilidad prolongando sus mandatos y exigiendo mayores requisitos a sus miembros. Se liberó a los gobernadores de su dependencia de las asambleas y se les dio la responsabilidad fundamental del gobierno. Y los jueces se convirtieron en guardianes independientes de las constituciones. Para 1790, Pensilvania, Carolina del Sur y Georgia habían reformado sus constituciones siguiendo esas líneas conservadoras. New Hampshire, Delaware y Vermont las siguieron a principios de los años noventa.

Al mismo tiempo que los líderes políticos trataban de volver a reforzar la autoridad de los gobernadores, senados y jueces, también procuraban limitar el poder de las asambleas legislativas apelando a la ley fundamental que, presumiblemente, estaba encarnada en las constituciones escritas de los estados. Como muchas de esas constituciones habían sido creadas por un simple decreto legislativo, no era fácil distinguir entre ley fundamental y ley ordinaria.

Al principio, varios de los estados barajaron diversos recursos para distinguir entre sus constituciones fundamentales y la legislación ordinaria. Algunos se limitaron a declarar que sus constituciones eran fundamentales; otros exigían una mayoría especial o diversas leyes sucesivas de las asambleas para enmendar la Constitución. Pero ninguna de esas medidas demostró ser eficaz frente a los repetidos abusos legislativos.

Al intentar resolver este problema, los norteamericanos se fueron convenciendo de que para que una Constitución fuera verdaderamente inmune a la manipulación legislativa, tendría que ser creada, como dijo Jefferson en 1785, «por un poder superior al de la asamblea legislativa ordinaria». Para encontrar una solución, los norteamericanos recurrieron de nuevo a la institución de la convención. En 1775-1776, la convención había sido meramente una reunión legislativa *ad hoc*, carente de sanción legal, pero necesaria por la negativa de la Corona a convocar a los representantes oficiales del pueblo. A partir de entonces, en cambio, la convención se convirtió en una institución alternativa especial que representaba al pueblo y tenía la autoridad exclusiva de redactar o enmendar una Constitución. Cuando, a finales de los años setenta y principios de los ochenta, Massachusetts y New Hampshire redactaron sus nuevas constituciones, ya estaba claro cuál era el modelo adecuado para elaborar una Constitución y para enmendarla. Unas convenciones especialmente elegidas elaboraban las constituciones y luego las sometían al pueblo para su ratificación.

Con esta idea de una Constitución como ley fundamental, inmune al cercenamiento legislativo, en la mano, algunos jueces estatales empezaron, durante los años ochenta, con cautela y en casos aislados, a intervenir para imponer restricciones a lo que las asambleas promulgaban como ley. En la práctica, les decían a las asambleas, como hizo el juez del Tribunal Supremo de Virginia, George Wythe, en 1782: «Aquí está el límite de vuestra autoridad y hasta aquí llegaréis, pero no más lejos». Eran los vacilantes inicios de lo que acabaría llamándose revisión judicial. No obstante, muchos líderes no estaban dispuestos a permitir que unos jueces nombrados anularan las leyes hechas por el pueblo representado en las asambleas democráticamente elegidas. «Esto —dijo un perplejo James Madison en 1788— hace que el poder judicial sea superior al legislativo, lo cual nunca fue buscado ni puede ser nunca lo apropiado.»

Pese a la mucha energía con que se instaban y adoptaban estas reformas constitucionales, seguía sin parecer suficiente. Hacia mediados de los años ochenta, muchos reformadores pensaban en trasladar de los estados a la nación la palestra del cambio constitucional y pensaban que una modificación de la estructura del gobierno central sería la mejor y quizá única respuesta a los problemas políticos y sociales de Norteamérica.

Incluso antes de que, en 1781, se ratificaran los Artículos de la Confederación, las experiencias de la guerra habían puesto al descubierto la debilidad del Congreso y habían animado a algunos norteamericanos a pensar en hacer cambios en el gobierno central. En 1780, la guerra duraba más de lo que nadie había esperado y la disparada inflación del papel moneda usado para financiarla estaba desestabilizando el comercio y los negocios. Con la prohibición de que los congresistas tuvieran un mandato superior a tres años, durante cualquier período de seis años, el liderazgo en la Confederación era fluctuante y confuso. Los estados no se daban por enterados de las resoluciones congresuales y se negaban a satisfacer al gobierno central las aportaciones que tenían asignadas. Sin capacidad para recaudar fondos, el Congreso dejó de pagar intereses sobre la deuda pública. El Ejército Continental ardía de resentimiento por la falta de paga y empezó a deshacerse debido a las deserciones e, incluso, a los brotes de amotinamiento. Todas estas circunstancias obligaron a los intereses mercantiles y acreedores, especialmente los centrados en los estados centrales de la costa atlántica, a querer aumentar los poderes del Congreso. Los reformadores trataron de reforzar el Congreso dando una interpretación amplia a los Artículos, enmendándolos directamente (lo cual requería el consentimiento de todos los estados) e, incluso, amenazando a los estados con la fuerza militar.

A principios de los años ochenta, un cambio en el liderazgo del Congreso permitió que esos grupos de intereses nacionales ejercieran mayor influencia. Radicales populares de más edad como Richard Henry Lee y Arthur Lee, de Virginia, y Samuel Adams, de Massachusetts, fueron sustituidos por hombres más jóvenes, como James Madison, de Virginia, y Alexander Hamilton, de Nueva York, que estaban más interesados en la autoridad y la estabilidad que en la democracia popular. Desilusionados por la ineficacia de la Confederación, estos nacionalistas del Congreso acometieron la tarea de dar la vuelta a la tendencia localista y debilitadora del poder de la revolución. Reforzaron el ejército regular a expensas de las milicias y prometieron pensiones a los oficiales del Ejército Continental. Reorganizaron los departamentos de la guerra, asuntos exteriores y finanzas en el Congreso y sustituyeron por individuos los comités que los habían dirigido. La persona clave en el programa de los nacionalistas fue Robert Morris, un adinerado comerciante de Filadelfia que fue nombrado superintendente de finanzas y, prácticamente, jefe de la Confederación en 1781. A fin de vincular a los grupos financieros y comerciales al gobierno central, Morris se comprometió a estabilizar la economía y consolidar la deuda nacional. Convenció al Congreso para que recomendara a los estados que las leyes relativas al papel moneda fueran revocadas y para que les exigiera que sus contribuciones a los gastos generales fueran pagadas en oro o plata. Asimismo, trató de establecer un banco nacional y hacer que los bonos federales fueran más seguros para los inversores.

Para llevar a cabo este programa nacionalista había que enmendar los Artículos para otorgar a la Confederación el poder de recaudar un gravamen del 5 por ciento sobre las importaciones. Una vez que el Congreso tuviera unos ingresos adecuados, independientes de los estados, la Confederación podría pagar sus deudas y sería más atractiva para los posibles compradores de sus bonos. Aunque Morris consiguió inducir al Congreso a autorizar la constitución del Banco de Norteamérica, el resto de las propuestas económicas de los nacionalistas fallaron por escaso margen. Los estados no solo se negaron, finalmente, a aprobar la enmienda a los derechos a la importación, sino que muchos se demoraron en la entrega del dinero requerido por el Congreso, que tampoco consiguió hacerse siquiera con una autoridad restringida para regular el comercio.

Después de la victoria aliada en Yorktown, en octubre de 1781, y del inicio de las negociaciones de paz con Gran Bretaña, el interés por el Congreso disminuyó y algunas personas se desesperaron. La perspectiva de desmovilizar al ejército sin cumplir las promesas de pagar los atrasos y las pensiones creaba una crisis que llevó a Estados Unidos tan cerca de un golpe militar como nunca había estado. En marzo de 1783, los oficiales del ejército de Washington, acampado en Newburgh, a orillas del río Hudson, dirigieron una petición al Congreso concerniente a sus pagas. Realmente, planeaban algún tipo de acción militar contra la Confederación. Solo se conjuró la crisis cuando Washington intervino personalmente y se negó a apoyar un movimiento que estaba destinado, dijo, «a abrir las compuertas de la discordia civil e inundar de sangre nuestro naciente imperio».

Las noticias de la paz de 1783 destruyeron gran parte del sentimiento unionista que había existido durante la guerra. En diciembre de 1783, el Congreso, en opinión de Jefferson, había perdido buena parte de su utilidad. «La sesión permanente del Congreso no puede ser necesaria en tiempo de paz», dijo. Después de despachar los asuntos más urgentes, los delegados deberían «separarse y volver a sus respectivos estados, dejando solo un comité de los estados [y así] destruir la extraña idea de que son un cuerpo permanente».

El poder congresual, que había sido importante durante los años de guerra, a partir de entonces empezó a desintegrarse. Los delegados se quejaban cada vez más de lo difícil que era incluso reunir un quórum. El Congreso ni siquiera se ponía de acuerdo sobre su sede permanente; pasó de Filadelfia a Princeton, a Annapolis, a Trenton y, finalmente, a la ciudad de Nueva York. Los estados reafirmaron su autoridad y empezaron a absorber el pago de la deuda federal que muchos habían esperado que fuera la base de la unión. En 1786, los estados habían convertido casi un tercio de los valores federales en bonos estatales, haciendo así que los acreedores públicos tuvieran unos intereses creados en la soberanía de cada estado. En esas circunstancias, la influencia de quienes, como decía Hamilton, «piensan continentalmente», disminuyó rápidamente y las posibilidades de enmendar la Constitución fueron disminuyendo también gradualmente. La única esperanza para la reforma parecía descansar entonces en algún tipo de convención de todos los estados.

En Europa, la reputación de Estados Unidos se apagó

a la misma velocidad que su crédito. Los holandeses y los franceses solo aceptaban prestar dinero a unos tipos de interés extraordinarios. Dado que los buques norteamericanos carecían de la protección de la bandera británica, muchos de ellos fueron apresados por los corsarios de los estados musulmanes del norte de África y sus tripulantes vendidos como esclavos. El Congreso no tenía dinero para pagar el tributo y los rescates necesarios a esos piratas de la Berbería.

En medio de un mundo de imperios monárquicos hostiles, la nueva confederación republicana estaba sometida a una presión incluso mayor para mantener su integridad territorial. Gran Bretaña se negaba a enviar un embajador a Estados Unidos y desdeñaba su obligación, incluida en el tratado, de abandonar sus puestos militares en el noroeste, afirmando que Estados Unidos no había hecho honor a sus compromisos. El tratado de paz estipulaba que la Confederación recomendaría a los estados que restituyeran a los colonos leales a la Corona las propiedades que les habían sido confiscadas durante la revolución y que ninguno de los dos lados aprobaría leyes que obstruyeran el cobro de las deudas anteriores a la guerra. Cuando los estados desobedecieron abiertamente esas obligaciones del tratado, la debilitada Confederación no pudo hacer nada.

Se sabía que Gran Bretaña conspiraba con los indios y fomentaba los movimientos separatistas en el noroeste y en las tierras fronterizas de Vermont, y España hacía lo mismo en el sudoeste. De hecho, España se negaba a reconocer los derechos norteamericanos en el territorio entre Florida y el río Ohio. En 1784, para someter a su control a los colonos norteamericanos que entraban en

Kentucky y Tennessee, España cerró el Mississippi al comercio norteamericano. Muchos habitantes de esa zona occidental estaban dispuestos a tratar con cualquier gobierno que les garantizara el acceso al mar para sus productos agrícolas. Como observó Washington en 1784, «[los colonos de la parte oeste] están encima de un pivote. El roce de una pluma puede hacerlos girar en cualquier dirección».

En 1785-1786, John Jay, aristócrata neoyorquino y secretario de asuntos exteriores, negoció un tratado con el embajador español en Estados Unidos, Diego de Gardoqui. Según los términos de ese acuerdo, España se abría al comercio norteamericano a cambio de la renuncia de Norteamérica a navegar por el Mississippi durante varias décadas. Los estados sureños, por miedo a que les negaran una salida al mar en el oeste, impidieron la mayoría necesaria de nueve estados para aceptar el tratado en el Congreso. Pero la voluntad mostrada por esa mayoría de siete estados para sacrificar los intereses occidentales a fin de beneficiar a los comerciantes norteños despertó las viejas envidias entre facciones y amenazó con hacer añicos la Unión.

Pese a los esfuerzos de la comisión diplomática de Jefferson, Franklin y Adams por negociar unos tratados comerciales liberales, los imperios mercantilistas de las principales naciones europeas permanecieron, en general, cerrados a la nueva república durante los años ochenta. Los franceses no estaban dispuestos a aceptar la cantidad esperada de productos norteamericanos y los británicos impedían eficazmente la entrada de las mercancías norteamericanas competitivas en sus mercados, mientras recuperaban los mercados de consumo de Norteamérica para sus propios productos. La Confederación carecía de la autoridad para contraatacar con sus propias regulaciones comerciales y diversos intentos de otorgar al Congreso un poder restringido sobre el comercio se perdieron en medio de las envidias de los estados y las diferentes facciones. El Congreso de la Confederación observaba impotente cómo cada estado por su lado trataba de aprobar sus propias e inútiles leyes de navegación. Hacia mediados de los años ochenta, por ejemplo, Connecticut imponía unos aranceles más altos a las mercancías procedentes de Massachusetts que a las que llegaban de Gran Bretaña.

Al final, la incapacidad de la Confederación para regular el comercio acabó precipitando la reforma de los Artículos. Jefferson, Madison y otros dirigentes con intereses agrarios querían que los agricultores tuvieran libertad para vender los excedentes de sus cosechas a otros países. Temían que si se les prohibía hacerlo, se hundirían en el letargo y perderían su laboriosidad. Y lo más importante, si Estados Unidos no vendía su producción agrícola en Europa, no podría pagar los artículos manufacturados importados de allí y se verían obligados, por tanto, a iniciar la fabricación a gran escala por sí mismos. A su vez, esos cambios acabarían destruyendo la ciudadanía de agricultores en la cual se basaba el republicanismo y crearía en Norteamérica la misma clase de sociedad corrupta, clasista y dependiente que existía en Europa. Por todo ello, la Confederación necesitaba desesperadamente tener el poder de regular el comercio a fin de obligar a los estados europeos a abrir sus mercados a los productos agrícolas norteamericanos.

La Convención de Filadelfia

En 1786, estas presiones acumuladas hicieron inevitable revisar los Artículos de una u otra manera. Los deseos de Virginia, que quería una regulación del comercio, llevaron a la convención de varios estados en Annapolis en septiembre de 1786. Los que asistían a la reunión comprendieron rápidamente que no era posible considerar el comercio separadamente de otros problemas y pidieron que se celebrara una convención mayor en Filadelfia, en mayo del año siguiente. Después de que varios estados aceptaran enviar delegados a la Convención de Filadelfia, el Congreso de la Confederación la reconoció, aunque con retraso, y en febrero de 1787 la autorizó a revisar los Artículos de la Confederación.

Para 1787 casi todos los dirigentes políticos del país, incluso quienes más tarde se opondrían a la nueva Constitución, daban por sentado que se darían nuevos poderes al Congreso de la Confederación. Estaba en el aire la reforma de los Artículos, de una u otra manera, en particular con la concesión al Congreso de cierta autoridad limitada para establecer impuestos y el poder de regular el comercio. Este deseo de hacer algo respecto al gobierno central ofreció su oportunidad a los nacionalistas como James Madison y ayuda a explicar la buena disposición existente para acceder a la reunión en Filadelfia.

Sin embargo, pocas personas esperaban lo que la Convención de Filadelfia produjo; o sea, una nueva Constitución que transformaba por completo la estructura del gobierno central y prometía un debilitamiento general de los estados. El gobierno nacional, extraordinariamente poderoso, que emergió de Filadelfia contaba con unos poderes congresuales adicionales muy superiores a los que necesitaba para solucionar las dificultades de Estados Unidos en crédito, comercio y asuntos exteriores. Considerando la lealtad de los revolucionarios a la soberanía de sus estados y su arraigado temor a la autoridad centralizada del gobierno, la formación de la nueva Constitución fue una hazaña verdaderamente extraordinaria. No es posible explicarla simplemente por la evidente debilidad de los Artículos de la Confederación.

Finalmente, fueron también los problemas existentes en el interior de cada estado durante los años ochenta los que hicieron posible la reforma constitucional del gobierno central. Según Madison informó a Jefferson en 1787, las leyes injustas y confusas que salían de las asambleas de los estados habían llegado a ser «tan frecuentes y tan flagrantes como para alarmar a los más firmes amigos del republicanismo». Madison decía que esos abusos populares «contribuían más a la intranquilidad que fue causa de la Convención y preparaban mejor a la opinión pública para una reforma general que los causados a nuestro carácter e interés nacionales debido a la falta de adecuación de la Confederación a sus objetos inmediatos».

En 1786, en la parte occidental de Massachusetts, estalló la rebelión de casi dos mil granjeros empobrecidos y endeudados, a los que se amenazaba con la ejecución de sus hipotecas. Los rebeldes, encabezados por un antiguo capitán de las milicias, Daniel Shays, cerraron los tribunales y amenazaron con tomar un arsenal federal. Pero lo más alarmante es que sucedió en el estado que, se creía, estaba dotado de la Constitución más equilibrada. Aunque los rebeldes de Shays fueron derrotados por las tropas de la milicia, sus simpatizantes resultaron victoriosos en las urnas a principios de 1787. Por consiguiente, los nuevos representantes electos pronto promulgaron el tipo de legislación necesaria para el alivio de deudas que Shays había querido y que otros estados estaban aprobando. Estas leyes convencieron a muchos de que exigir al pueblo que obedeciera las leyes solo era un remedio para la insurrección; no resolvía el problema peculiar de la tiranía legislativa. Al votar a favor de los simpatizantes de Shays para los cargos legislativos, el pueblo había hecho posible que, como protestaba un periódico de Boston en mayo de 1787, «la sedición misma hiciera las leyes».

Así, hacia 1786-1787 se buscaba la reconstrucción del gobierno central como medio de corregir no solo la debilidad de los Artículos, sino también el despotismo democrático y los abusos políticos del interior de cada estado. Algunos pensaban que un nuevo gobierno central podría salvar tanto al Congreso de los estados como a estos de ellos mismos. Nuevos grupos se unieron a los que ya estaban trabajando para fortalecer el gobierno nacional. Los artesanos urbanos confiaban en que un gobierno nacional más fuerte impediría la competencia de las importaciones británicas. Los sureños, especialmente en Virginia, querían ganar una representación proporcional para su creciente población. Y lo más importante, los miembros de las clases altas de todo el continente dejaron momentáneamente de lado sus diferencias políticas y económicas para hacer frente a lo que les parecía una amenaza a la libertad individual por parte de las mayorías legislativas de cada estado. Al crear un nuevo gobierno central ya no se trataba de cohesionar la unión, así como tampoco de tener una posición fuerte en los asuntos exteriores ni de satisfacer las demandas de los intereses particulares de los acreedores, los comerciantes o el ejército. Entonces era una cuestión que, como afirmó Madison, «decidiría para siempre la suerte del gobierno republicano».

A la Convención de Filadelfia, en el verano de 1787, asistieron cincuenta y cinco delegados que representaban a doce estados. (Rhode Island, un estado celoso en extremo de su autonomía local, se negó a tener nada que ver con los trabajos encaminados a revisar los Artículos.) Aunque muchos de los delegados eran jóvenes –el promedio de edad era de 42 años– la mayoría eran miembros instruidos y experimentados, pertenecientes a la élite política de Norteamérica. Treinta y nueve habían sido miembros del Congreso en uno u otro momento, ocho habían trabajado en las convenciones constitucionales estatales, siete habían sido gobernadores de un estado y treinta y cuatro eran abogados. Un tercio eran veteranos del Ejército Continental, ese gran disolvente de las lealtades estatales, como lo llamó Washington en una ocasión. Casi todos eran caballeros, «aristócratas naturales», que daban por sentada su superioridad política como consecuencia inevitable de su posición social y económica.

La presencia de Washington era crucial, pero él vacilaba en asistir. En diciembre de 1783 había rendido voluntariamente su espada al Congreso y se había retirado a Mount Vernon con la promesa de no dedicarse nunca más a los asuntos públicos. Esta voluntad, casi sin precedentes, de abandonar el poder político había electrizado al mundo y establecido su fama mundial como versión moderna del antiguo granjero-soldado romano Cincinnato. Esa promesa de retirarse de la vida pública hacía que se resistiera a arriesgar su reputación al entrar en la política. Pero sus amigos lo convencieron de que si no acudía a la reunión se podría pensar que quería que el gobierno federal fracasara a fin de poder dirigir un golpe militar. Así pues, asistió e, inmediatamente, fue nombrado presidente de la Convención.

Otras lumbreras de la revolución no estaban presentes: Samuel Adams estaba enfermo, Thomas Jefferson y John Adams estaban en una embajada en el extranjero y Richard Henry Lee y Patrick Henry, aunque seleccionados por la asamblea de Virginia, se negaron a asistir; Henry dijo que «olía a gato encerrado». Las delegaciones más influyentes eran las de Pensilvania y Virginia, que incluían a Gouverneur Morris y James Wilson, de Pensilvania, y Edmund Randolph, George Mason y James Madison, de Virginia.

La delegación de Virginia tomó la iniciativa y presentó a la Convención su primera propuesta de trabajo. El Plan de Virginia era en su mayor parte un trabajo de Madison, que tenía treinta y seis años. Bajo, tímido, de voz suave, habitualmente vestido de negro, sin ninguna formación profesional pero con una extensa cultura y dotado de una mente aguda e inquisitiva, Madison dedicó su vida al servicio público. Comprendía claramente la importancia histórica de la reunión de la Convención y gracias a su decisión de llevar un detallado registro privado de los debates sabemos tanto de lo que se dijo aquel verano en Filadelfia.

Las propuestas iniciales de Madison para la reforma eran verdaderamente radicales. No eran, como él señaló, meros expedientes o simples revisiones de los artículos, sino que prometían un «cambio sistemático» del gobierno. Madison quería crear un gobierno general que no fuera una confederación de repúblicas independientes, sino una república nacional por derecho propio. Se basaría directamente en los individuos y estaría dotado, como lo estaban la mayoría de gobiernos estatales, de un ejecutivo, un Parlamento bicameral y un poder judicial independiente. Esta república nacional estaría por encima de los estados, que a partir de entonces quedarían, respecto al gobierno central, en palabras de John Jay, «bajo la misma luz que los condados quedan respecto al estado de que son parte; a saber, meramente como distritos para facilitar los propósitos del orden y el buen gobierno interiores». Así, el radical Plan de Virginia preveía una asamblea nacional con dos cámaras, con autoridad para legislar «en todos los casos en los que los estados son incompetentes» y para vetar o «rechazar todas las leyes aprobadas por los diferentes estados que, en opinión de la Asamblea Legislativa Nacional, contravengan los artículos de la Unión». Madison creía que si el gobierno nacional tenía poder para vetar todas las leyes de los estados, podría desempeñar el mismo cometido que se suponía que debía desempeñar la Corona británica en el Imperio británico, el de «un árbitro desinteresado y desapasionado» por encima de los intereses en conflicto.

No obstante, para muchos de los delegados en la Convención, este plan era excesivamente extremado. La mayoría de ellos estaban preparados para otorgar un poder importante al gobierno federal, incluyendo el derecho a aplicar impuestos, regular el comercio y ejecutar las leyes federales. Pero muchos se negaban a permitir un debilitamiento tan grande de la autoridad estatal como el que proponía el Plan de Virginia. Quienes se oponían a los nacionalistas, encabezados por los delegados de

New Jersey, Connecticut, Nueva York y Delaware, contraatacaron con su propia propuesta, el Plan de New Jersey (llamado así porque lo presentó William Paterson, de ese estado). Este plan enmendaba los Artículos de la Confederación aumentando los poderes del Congreso pero, al mismo tiempo, mantenía la soberanía básica de los estados. Con dos propuestas tan contrarias ante ella, la Convención se acercaba a una crisis a mediados de junio de 1787.

Durante el debate que siguió, los nacionalistas, dirigidos por Madison y Wilson, consiguieron mantener los puntos básicos del Plan de Virginia y convencer a la mayoría de estados presentes en la Convención para que rechazaran el Plan de New Jersey. Sin embargo, tuvieron que hacer algunas concesiones. En lugar de otorgar al poder legislativo nacional una autoridad absoluta «para legislar en todos los casos en que los estados son incompetentes», como proponía su plan, la Convención concedió al Congreso (en el artículo I, sección 8 de la Constitución) una lista de poderes enumerados, que incluían el poder de exigir impuestos, pedir préstamos, acuñar moneda y regular el comercio. Asimismo, en lugar de dar a la asamblea nacional el derecho a vetar leyes estatales perjudiciales, la Convención prohibía que los estados ejercieran ciertos poderes soberanos cuyo abuso había ayudado a provocar la crisis de los años ochenta. En el artículo I, sección 10, de la Constitución definitiva, a los estados se les impedía mantener relaciones exteriores, recaudar derechos aduaneros, acuñar moneda, emitir cartas de crédito, aprobar leyes con efectos retroactivos o hacer cualquier cosa para liberar a los deudores de las obligaciones de sus contratos. En contraste con los amplios poderes fiscales concedidos al Congreso, los estados resultaban casi incompetentes económicamente. La nueva Constitución no solo les prohibía imponer aranceles aduaneros —la forma más común y eficaz de tributación durante el siglo XVIII— sino que, además, les negaba la autoridad para emitir papel moneda, consiguiendo, así, lo que habían intentado hacer, sin lograrlo, las diversas leyes monetarias que los británicos habían intentado imponer en 1751 y 1764.

La Convención se decidió por un poder ejecutivo fuerte y en manos de una sola persona. El presidente tenía que ser independiente, sin la carga de un consejo ejecutivo, salvo el que él mismo eligiera. Con mando sobre las fuerzas armadas, con autoridad para dirigir las relaciones diplomáticas, con poder sobre los nombramientos de las ramas ejecutiva y judicial que pocos gobernadores de los estados poseían, con un mandato por cuatro años y la posibilidad de ser reelegido perpetuamente para el cargo, el presidente era un magistrado que, como más tarde diría en tono acusador Patrick Henry, podía «fácilmente convertirse en rey». Para garantizar la independencia del presidente, no sería elegido por la asamblea legislativa, como proponía el Plan de Virginia. Dado que los artífices de la Constitución creían que pocos candidatos presidenciales del futuro disfrutarían de un reconocimiento popular amplio en todo el país, preveían elecciones locales de «electores» iguales en número a los representantes y senadores de cada estado. Estos electores decidirían por votación quién sería el presidente. Pero si ningún candidato conseguía la mayoría —lo cual, en ausencia de partidos políticos y de campaña electoral, era de esperar— la selección final entre los cinco candidatos con más votos la haría la Cámara de Representantes, con un voto por cada delegación estatal.

La propuesta del Plan de Virginia de un cuerpo judicial nacional e independiente con un mandato «mientras cumplan bien con su deber» se aceptó sin discusión. Se dejó en manos del Congreso idear la estructura del poder judicial nacional. No obstante, el derecho de este poder judicial de anular leyes del Congreso o de las asambleas de los estados no quedó, en absoluto, claramente establecido.

Los nacionalistas cedieron a regañadientes en varios puntos cruciales, especialmente en la autoridad de la asamblea nacional para vetar la legislación de los estados. Pero presentaron una larga y dura batalla para mantener el principio de la representación proporcional en ambas cámaras de la asamblea y esta disputa casi llevó la Convención a un punto muerto. Se decidió que tanto los impuestos como la representación en la Cámara de Representantes debían basarse en la población y no en el estado como tal ni en la riqueza en tierras. No obstante, los nacionalistas como Madison y Wilson querían que también la representación en el Senado dependiera de la población. Cualquier idea de que la soberanía individual de los estados debía ser representada por igual destruía demasiado de los viejos Artículos de la Confederación. De ahí que los nacionalistas acabaran considerando que el «Compromiso de Connecticut», por el cual cada estado contaba con dos senadores en la cámara alta, era una derrota desastrosa.

Aunque Madison y Wilson perdieron la batalla por el veto del Congreso a las leyes estatales y la representación proporcional en ambas cámaras, ellos y los otros federalistas (como acabaron llamándose sagazmente aquellos que apoyaban la Constitución) habían ganado, básicamente, la guerra en lo que concernía a la naturaleza básica del gobierno central. Una vez rechazado, el 19 de junio, el Plan de New Jersey, que conservaba lo esencial de los Artículos de la Confederación, en favor del Plan de Virginia, los opositores, o antifederalistas, se vieron forzados, como protestó Richard Henry Lee, a aceptar «esto o nada». Y la mayoría de antifederalistas querían algún tipo de gobierno central.

Aunque los Artículos de la Confederación exigían que las enmiendas se hicieran por consentimiento unánime de las asambleas estatales, los delegados de la Convención de Filadelfia decidieron soslayar esas asambleas y someter la Constitución, para su ratificación, a unas convenciones estatales especialmente elegidas. Para que el nuevo gobierno entrara en vigor, solo era necesaria la aprobación de nueve de los trece estados. Esta transgresión de los anteriores principios políticos era solo una de las muchas a las que se oponían los antifederalistas.

Debate entre federalistas y antifederalistas

El gobierno federal establecido por la Convención de Filadelfia parecía vulnerar los principios de 1776 que habían guiado a los artífices de la Constitución revolucionaria. La nueva Constitución preveía un gobierno fuerte, con un poder extraordinario en manos del presidente y del Senado. También creaba un único estado republicano que se extendía a todo el continente y que englobaba todos los intereses dispersos y diversos de la totalidad de la sociedad norteamericana; algo imposible para una república, según la mejor ciencia política de aquellos días. Durante los debates sobre la ratificación, en el otoño e invierno de 1787-1788, los antifederalistas se centraron en el quebrantamiento federalista de los anteriores supuestos revolucionarios respecto a la naturaleza del poder y la necesidad de una sociedad pequeña y homogénea en un estado republicano. Atacaron diciendo que el nuevo gobierno federal se parecía a una monarquía en su concentración de poder a expensas de la libertad. Los antifederalistas afirmaban que, como la sociedad que iba a gobernar era tan extensa y heterogénea, el gobierno federal tendría que actuar de forma tiránica. Inevitablemente, Norteamérica se convertiría en un estado único consolidado, con la individualidad de cada estado sacrificada a un poderoso gobierno federal nacional. Eso sucedería, argumentaban los antifederalistas, debido a la propia lógica de la soberanía. Ese poderoso principio de la ciencia política del siglo XVIII, que los británicos habían utilizado de forma tan eficaz contra los colonos durante el debate imperial, sostenía que ninguna sociedad podía contar con dos legislaturas por mucho tiempo; era inevitable que tuviera una autoridad legislativa indivisible y final. «Nos resultará imposible complacer a dos amos», declararon los antifederalistas. No podía haber compromiso. «O bien es un gobierno federal o bien es un gobierno consolidado. No hay término medio en cuanto a la clase.» Como la Constitución iba a ser la «ley suprema de la nación», los antifederalistas no tenían ninguna duda de que el gobierno central propuesto «eliminará finalmente las soberanías independientes de los diversos estados». El principio de soberanía dictaba ese resultado.

Pese a los poderosos argumentos antifederalistas, los federalistas no creían que la Constitución repudiara la revolución ni los principios de 1776. Así pues respondían no negando el principio de soberanía sino trasladándolo a todo el pueblo. Al hacerlo, forjaron una manera completamente nueva de pensar sobre la relación del gobierno y la sociedad y señalaron uno de los momentos más creativos en la historia del pensamiento político.

Durante la década transcurrida desde la independencia, la cultura política norteamericana se había transformado. Los norteamericanos, entonces se veía claramente, habían transferido efectivamente la soberanía, la autoridad legislativa final, desde las instituciones de gobierno a todo el pueblo. Desde 1776, el pueblo norteamericano, a diferencia del inglés, se había negado a aceptar que la elección de sus representantes eclipsara su existencia; desde el punto de vista norteamericano, el pueblo «en el exterior» continuaba actuando fuera de todas las instituciones oficiales de gobierno. Durante los años ochenta, organizó varios comités, convenciones y otros organismos al margen de la ley para dar voz a sus agravios o para alcanzar objetivos políticos. Al hacerlo, continuaba unas prácticas corrientes que se habían usado durante la propia revolución. Acciones de vigilantes y bandas de diversos tipos habían hecho de forma rápida y eficaz lo que los nuevos gobiernos de los estados, con frecuencia, no eran capaces de hacer; es decir, controlar los precios, evitar la especulación y castigar a los *tories*. Por todas partes, el pueblo había extendido la lógica de la representación «real» y había tratado de dar instrucciones y controlar a las instituciones de gobierno. A diferencia de los británicos en relación con la Cámara de los Comunes, el pueblo

norteamericano nunca rindió su poder soberano pleno y
definitivo a ninguna institución política, ni siquiera a todas ellas juntas.

En 1787-1788 todas estas actividades de personas
fuera del gobierno tendían a investir de realidad, incluso
de realidad legal, esa idea de que, en Norteamérica, la
soberanía residía y permanecía en el conjunto del pueblo
y no en cualesquiera instituciones de gobierno específi-
cas. Solo creyendo que la soberanía estaba en manos del
pueblo, fuera del gobierno, podían los norteamericanos
dar sentido teórico a sus recientes y notables invenciones
políticas, a su idea de una Constitución escrita que fuera
inmune a la manipulación legislativa, a sus convenciones
especiales para elaborar una Constitución, a sus procedimientos de ratificación de la Constitución y a sus inusuales ideas de representación «real». Esta idea de que la soberanía permanecía en manos de todo el pueblo en lugar
de estar depositada en cualquier institución de gobierno
abría unos modos totalmente nuevos de pensar en ese
gobierno.

Para responder a los argumentos antifederalistas contra la Constitución, los federalistas estaban decididos a
explotar esa nueva forma de entender el poder final de
todo el pueblo. Cierto, dijeron, la Convención de Filadelfia había ido más allá de las instrucciones recibidas
para enmendar los Artículos de la Confederación. Había
creado un gobierno totalmente nuevo y había tomado
medidas para que unas convenciones estatales especiales
ratificaran la nueva Constitución. ¿No habían aprendido
los norteamericanos durante la década anterior que las
asambleas legislativas no eran competentes para crear o
cambiar constituciones? Si la Constitución federal iba a

ser, de verdad, una ley fundamental, entonces, argumentaban los federalistas, tenía que ser ratificada por «la suprema autoridad del propio pueblo». Así pues, fueron «nosotros, el pueblo de Estados Unidos», y no los estados, quienes decretaron y establecieron la Constitución.

Al hacer recaer la soberanía en el pueblo y no en cualquier institución gubernamental particular, los federalistas podían entonces concebir lo que antes había sido una contradicción en política —dos asambleas legislativas que funcionaban simultáneamente en la misma comunidad—, el mismo escollo contra el que se había estrellado el Imperio británico. Así podían responder a la principal objeción de los antifederalistas a la Constitución, cuando decían que la lógica de la soberanía dictaría que el Congreso nacional se convirtiera en la única autoridad legislativa, final, suprema e indivisible. Solo haciendo que fuera el propio pueblo, y no sus representantes en las asambleas estatales o en el Congreso, la autoridad legislativa, final y suprema, podían los federalistas explicar la naciente idea del federalismo, esa inusual división de las responsabilidades legislativas entre los gobiernos de la nación y de los estados, en la cual ninguno de los dos es final ni supremo. Esta idea se convirtió en el modelo de divisiones similares del poder legislativo en todo el mundo.

Al afirmar que la soberanía descansaba en el pueblo, los federalistas no estaban diciendo, como habían hecho los teóricos durante siglos, que todo el poder gubernamental derivaba del pueblo. Lo que decían era que la soberanía permanecía siempre en el pueblo y que el gobierno era solo un organismo limitado y temporal del pueblo, cedido a los diversos cargos gubernamentales, por así decir, como préstamo a corto plazo y siempre revocable. Ningún elemento de los gobiernos estatales o federales, ni siquiera las populares cámaras de representantes, podría ya representar plenamente al pueblo nunca más; en cambio, todos los miembros elegidos de los gobiernos —senadores, gobernadores y presidentes— eran considerados a partir de entonces, de algún modo, simplemente como representantes del pueblo. Esta nueva forma de pensar convertía en absurdas las viejas teorías de un gobierno mixto o equilibrado según las cuales la monarquía, la aristocracia y la democracia se enfrentaban unas a otras. Aun cuando los gobiernos norteamericanos, tanto al nivel federal como al estatal, mantenían presidentes ejecutivos similares a los monarcas y senados aristocráticos, entonces se decía que eran democracias puras o democracias representativas. Dado que el proceso de elección se había convertido en el único criterio de representación, todos los cargos gubernamentales elegidos, incluyendo los senadores y el ejecutivo, eran considerados agentes iguales del pueblo. Si los jueces eran también considerados agentes del pueblo, que era como muchos federalistas los describían ahora, entonces lo que correspondía era que fueran elegidos por el pueblo, lo cual, claro está, es lo que muchos estados empezaron a hacer. Hoy en día una mayoría de estados tienen judicaturas elegidas por votación popular.

Esta nueva forma de entender la relación de la sociedad y el gobierno permitió que los federalistas explicaran la ampliación de un único estado republicano a todo un gran continente poblado por diversos grupos e intereses. Los federalistas —especialmente Madison— aprovecharon las radicales teorías del filósofo escocés David Hume, que decía que un gobierno republicano funcionaría mejor en un territorio grande que en uno pequeño y le dieron la vuelta ingeniosamente al viejo supuesto de que una república debe ser pequeña y homogénea en sus intereses. Los federalistas arguyeron que la experiencia norteamericana desde 1776 había demostrado que ninguna república podía ser lo bastante pequeña como para evitar el choque de partes e intereses rivales. (El diminuto Rhode Island era el estado más plagado de facciones de todos.) El amplio territorio de la nueva república nacional era, realmente, su mayor fuente de fortaleza, escribió Madison en el número 10 de *The Federalist,* en el más famoso de los ochenta y cinco ensayos que él, Alexander Hamilton y John Jay escribieron en Nueva York en defensa de la Constitución. Al extender la arena política a toda la nación, concluía Madison, el número de intereses y facciones de la sociedad aumentaría hasta el punto en que se controlarían unos a otros y harían que fuera menos probable que una mayoría faccionaria y tiránica se coaligara en el poder para oprimir los derechos de las minorías y los individuos.

Como beneficio añadido, Madison predijo que la esfera elevada y ampliada de la política nacional actuaría como filtro, puliendo a la clase de hombres que se convertirían en líderes nacionales. Los representantes en el Congreso nacional tendrían que ser elegidos por distritos electorales relativamente amplios, un hecho que Madison confiaba evitaría la demagogia electoral. Si el pueblo de un determinado estado —Nueva York, por ejemplo— tenía que elegir solo a diez hombres para el Congreso federal, a diferencia de los sesenta y seis que elegía para su asamblea estatal, sería mucho más probable que desecharan a los hombres intolerantes y estrechos de miras, de «carácter faccioso» y con «prejuicios locales» que habían dominado las asambleas legislativas de los estados en los años ochenta –los Yates y los Findley– y eligieran, en cambio, para el nuevo gobierno federal solo a aquellos caballeros educados con «un mérito más atractivo y una reputación más firme». De este modo, el nuevo gobierno federal evitaría los problemas que habían asolado a los estados en los años ochenta.

Aunque, al crear la Constitución, los federalistas quizá quisieran refrenar las fuerzas populistas que la revolución había desatado, el lenguaje y los principios que usaron para defenderla eran decididamente populares. En realidad, la mayoría de federalistas pensaba que no tenían más remedio que usar la retórica democrática. Los defensores de la Constitución no necesitaban que, en Filadelfia, John Dickinson les advirtiera de que «cuando este plan salga adelante, será atacado por los cabecillas populares; aristocracia será la consigna, el santo y seña entre sus adversarios». Precisamente porque los antifederalistas, como observó Hamilton en la convención ratificadora de Nueva York, hablaban «con tanta frecuencia de una aristocracia», los federalistas se veían obligados continuamente, en los debates para la ratificación, a minimizar, incluso disfrazar, los elementos elitistas de la Constitución. En realidad, los federalistas de 1787-1788 no estaban rechazando la política electoral democrática ni tampoco trataban de cambiar el rumbo de la revolución republicana. Más bien se veían como quienes salvaban a la revolución de sus excesos, creando, en palabras de Madison, «un remedio republicano para los males que más inciden en el gobierno republicano». Compartían el criterio de que todos los gobiernos norteamericanos debían ser «estrictamente republicanos» y originados «en la única fuente de justa autoridad: el pueblo».

Los antifederalistas no eran rivales para los argumentos y el despliegue de talento que los federalistas reunieron en apoyo de la Constitución en las convenciones de ratificación que tuvieron lugar en los estados durante el otoño, invierno y primavera de 1787-1788. Aparte de algunos dirigentes ilustres, como George Mason y Richard Henry Lee de Virginia, la mayoría de antifederalistas eran hombres corrientes, centrados en su estado, que solo tenían intereses y lealtades locales. Tendían a carecer de la influencia y educación de los federalistas y, con frecuencia, no tenían confianza social ni intelectual. Tenían dificultades para hacerse oír, tanto porque sus oradores, como diría quejándose un antifederalista de Connecticut «se sentían intimidados por muchos de esos Cicerones que se creen, a ellos y a otros, de rango superior» y porque buena parte de la prensa les estaba vedada. De los cien o más periódicos publicados a finales de los años ochenta, solo una docena apoyaba a los antifederalistas.

Muchos de los estados pequeños –Delaware, New Jersey, Connecticut y Georgia–, dependientes comercialmente de sus vecinos o expuestos militarmente, ratificaron la Constitución inmediatamente. La resistencia crítica tuvo lugar en los grandes estados de Massachusetts, Virginia y Nueva York y solo se consiguió la aceptación de la Constitución por márgenes estrechos y con la promesa de futuras enmiendas. (Bajo el liderazgo de Madison, el primer congreso federal trató de cumplir esta promesa y propuso doce enmiendas a la Constitución. En 1791, diez de ellas fueron ratificadas por los estados y se convirtieron en la *Bill of Rights* o Carta de Derechos.) Carolina del Norte y Rhode Island rechazaron la Constitución, pero después de que Nueva York la ratificara en julio de 1788, el país estaba listo para seguir adelante y organizar el nuevo gobierno sin ellos.

Pese a las dificultades y a la escasa ventaja en votos en algunos estados, la aceptación final de la Constitución por el país era casi inevitable. Dado que el Congreso de la Confederación había dejado prácticamente de existir, la alternativa era el caos gubernamental. Con todo, considerando el enorme número de personas adineradas e influyentes que apoyaron la Constitución, lo que resulta extraordinario no es la debilidad y desunión políticas del antifederalismo, sino su fuerza. El gran número de norteamericanos que rechazaron un plan de gobierno respaldado por George Washington y por casi la totalidad de la «aristocracia natural» del país decía más sobre el carácter cambiante de la política y la sociedad norteamericana que la aceptación de la Constitución. Era realmente un presagio del mundo democrático que se avecinaba.

Puede que los antifederalistas perdieran la contienda por la Constitución, pero en 1800, ellos y sus sucesores jeffersonianos-republicanos acabarían ganando la batalla sobre qué tipo de sociedad y cultura tenía que tener Norteamérica, por lo menos durante buena parte del siglo XIX. Jefferson, como presidente en 1801, no solo redujo el poder del gobierno nacional, sino que aquellos que habían sido antifederalistas —hombres mediocres y estrechos de miras, con intereses que promover— pronto llegarían a dominar la política norteamericana, especialmente en el Norte, hasta un punto que las clases altas federalistas nunca hubieran imaginado.

En los años ochenta, el enemigo a ultranza del federalismo, William Findley, marcó el rumbo. En un debate en la asamblea de Pensilvania sobre el papel del interés en los asuntos públicos, Findley presentó una argumentación lógica para la moderna política democrática de grupos de interés que no ha sido mejorada. A diferencia de sus rivales patricios, Findley argumentó que, dado que todo el mundo tenía intereses que promover, los hombres corrientes que se habían hecho a sí mismos, como él, que no tenía linaje ni poseía grandes riquezas ni había ido nunca a la universidad, tenían tanto derecho a un cargo político como las clases altas adineradas que habían ido a Harvard o Princeton. Eso era lo que significaba la igualdad norteamericana, decía. Además, dado que todo el mundo tenía intereses que promover, era absolutamente legítimo que los candidatos a un cargo público hicieran campaña para ser elegidos en defensa de los intereses de sus electores. Era una desviación radical de la práctica acostumbrada, porque ninguno de los fundadores pensó nunca que fuera adecuado que un dirigente político hiciera campaña para un cargo. Con este debate, Findley se adelantó a todos los cambios políticos populares de la siguiente generación; es decir, la creciente política electoralista y competitiva, la abierta promoción de intereses en la legislación, incluyendo la proliferación de bancos y otras corporaciones privadas fundados por carta gubernamental; la aparición de los partidos políticos, la extensión de la representación real y directa a grupos particulares dentro del gobierno, incluyendo grupos religiosos y étnicos, y el final debilitamiento, si no repudio, del ideal clásico republicano que presuponía que los legisladores eran árbitros desinteresados situados por encima del juego de intereses. Eso era la democracia tal como los norteamericanos acabarían conociéndola.

Como los federalistas de los años noventa descubrirían finalmente, con gran consternación, esa democracia ya no era un término técnico de la ciencia política que describía la representación del pueblo en las cámaras bajas de representantes. Tampoco era ya una sencilla forma de gobierno que pudiera ser puesta en tela de juicio o impugnada escépticamente como lo había sido desde los antiguos griegos. Por el contrario, se había convertido en la fe cívica de Estados Unidos a la cual debían adherirse incuestionablemente todos los norteamericanos. La aparición de esta democracia moderada y difícil de controlar fue la consecuencia más significativa de la revolución norteamericana.

Nota bibliográfica

El lector debería empezar con la obra monumental de R. R. Palmer, *The Age of Democratic Revolution. A Political History of Europe and America, 1760-1800* (2 vols., 1959, 1964), que sitúa la revolución norteamericana en una perspectiva comparativa dentro del mundo atlántico. *The Glorious Cause: The American Revolution, 1763-1789* (1982), de Robert Middlekauff, es una buena explicación, en un solo volumen, de la revolución, que destaca el conflicto militar. Hay una serie de valiosas recopilaciones de ensayos originales sobre diversos aspectos de la revolución, entre ellas *Essays on the American Revolution* (1973), de Stephen G. Kurtz y James H. Hutson, eds.; *The American Revolution* (1976), de Alfred F. Young, ed.; *Beyond the American Revolution* (1993), de Young, ed.; los cinco volúmenes de los simposios de la Biblioteca del Congreso sobre la revolución nortemericana (1972-1976) y los muchos volúmenes sobre diversos aspectos de la época revolucionaria editados por Ronald Hoffman y otros, para la Sociedad Histórica del Capitolio de Estados Unidos.

Entre los muchos trabajos que tratan del advenimiento de la revolución desde el punto de vista imperial, *The British Empire Before the American Revolution* (15 vols., 1936-1970), de Lawrence H. Gipson, es el más detallado. Gipson ha resumido su monumental obra en *The Coming of the Revolution, 1763-1775* (1954). Para un informe crítico de la política británica, véase *The Fall of the First British Empire* (1982), de Robert W. Tucker y David C. Hendrickson. *The Quest for Power: The Lower Houses of Assembly in the Southern Royal Colonies, 1689-1776* (1963), de Jack P. Greene, hace hincapié en el deseo de las asambleas legislativas de las colonias de controlar a su sociedad. Un estudio ingenioso, pero sólido, que combina los puntos de vista de un historiador británico y otro norteamericano sobre las causas de la revolución es *Empire or Independence, 1760-1776* (1976), escrito por Ian R. Christie y Benjamin W. Labaree. *A Struggle for Power: The American Revolution* (1996), de Theodore Draper, minimiza la importancia de las ideas como causa de la revolución.

The Radicalism of the American Revolution (1992), de Gordon S. Wood, trata de mostrar que la revolución transformó la sociedad y la cultura monárquicas del siglo XVIII. John Butler, en *Becoming America: The Revolution Before 1776* (2000), defiende que los cambios fundamentales en la sociedad norteamericana se produjeron antes de la Declaración de Independencia. Sobre la «revolución del consumo», véase el texto de T. H. Breen, «"Baubles of Britain": The American and Consumer Revolutions of the Eighteenth Century», en *Of Consuming Interests: The Style of Life in the Eighteenth Century* (1994), de Cary Carson y otros, eds. Rhys Isaac, en *The Transformation of Virginia, 1740-1790* (1994), utiliza técnicas antropológicas para iluminar los desafíos populares a la aristocracia de Virginia. *Cities in Revolt* (1986), de Carl Bridenbaugh (1955), atribuye el impulso revolucionario a las ciudades. Gary B. Nash, en *The Urban Crucible: Social Change, Political Consciousness and the Origins of the Ameri-*

can Revolution (1979), destaca el conflicto de clases urbano como causa de la revolución. *The Peopling of British North America: An Introduction* (1986) y *Voyagers to the West: A Passage in the Peopling of America on the Eve of the Revolution* (1986), ambos de Bernard Bailyn, ofrecen una perspectiva general estimulante del mundo atlántico en movimiento durante el siglo XVIII. El alcance de la migración hacia el oeste está recogido acertadamente en *Revolutionary Frontier, 1763-1783* (1967), de Jack M. Sosin. *Mitre and Sceptre* (1962), de Carl Bridenbaugh, describe el aumento del anglicanismo y los esfuerzos para establecer un episcopado norteamericano en las décadas anteriores a la revolución. *The Language of Liberty, 1660-1832* (1994), de J. C. D. Clark, ve la revolución como una guerra civil por motivos religiosos.

Los primeros años del reinado de Jorge III fueron el tema de algunas de las tesis históricas más apasionantes del siglo XX; en gran parte trabajo de sir Lewis Namier y sus alumnos. Namier y sus discípulos demostraron exhaustivamente que Jorge III no tenía intención de destruir la Constitución británica, como habían dicho los historiadores del siglo XIX, y que, en 1760, aún faltaba mucho tiempo para un gobierno de partidos con responsabilidad ministerial ante el Parlamento. Entre las principales obras de Namier están: *The Structure of Politics at the Accession of George III* (2.ª ed., 1957) y *England in the Age of the American Revolution* (2.ª ed., 1961). Para estudios detallados de la política británica en la época revolucionaria, véanse los tres volúmenes de P. D. G. Thomas sobre las diversas fases de la crisis imperial. Como obras adicionales, véanse: *The First Rockingham Administration: 1765-1766* (1973), de Paul Langford; *The Chatham Administra-*

tion, 1766-1768 (1956), de John Brooke; *British Politics and the American Revolution: The Path to War, 1773-1775* (1964), de Bernard Donoughue, y *The Persistence of the Empire: British Political Culture in the Age of the American Revolution,* de Eligia H. Gould. Una buena biografía de Jorge III es *King George III* (1972), de John Brooke. Para un estudio que reconcilia las interpretaciones de los *whig* y de Namier, véase *Party Ideology and Popular Politics at the Accession of George III* (1976), de John Brewer.

Sobre las fuerzas armadas británicas en Norteamérica, véanse: *Toward Lexington: The Role of the British Army in the Coming of the American Revolution* (1965), de John Shy y *The Royal Navy in America, 1760-1776* (1973), de Ned R. Stout.

Sobre la resistencia norteamericana, véase, especialmente: *From Resistance to Revolution* (1972), de Pauline Maier, que destaca el carácter limitado y controlado de la oposición norteamericana. Sobre las bandas urbanas, véase: *The Road to Mobocracy: Popular Disorder in New York City, 1763-1834* (1987), de Paul A. Gilje.

Sobre otros incidentes y elementos irritantes en la relación imperial, véanse: *Money and Politics in America, 1755-1775* (1973), de Joseph A. Ernst; *The Vice-Admiralty Courts and the American Revolution* (1960), de Carl Ubbelohde; *The Writs of Assistance Case* (1978), de M. H. Smith; *The Boston Massacre* (1970), de Hiller Zobel; *The Boston Tea Party* (1964), de Benjamin W. Labaree y *In the Common Cause: American Response to the Coercive Acts of 1774* (1974), de David Ammerman.

Entre los muchos estudios locales sobre la resistencia norteamericana están: *The History of Political Parties in the Province of New York, 1760-1776* (1909), de Carl Becker;

A Peole in Revolution: The American Revolution and Political Society in New York, 1760-1790 (1981), de Edward Countryman; *Rhode Island Politics and the American Revolution, 1760-1776* (1958), de David S. Lovejoy; *Pennsylvania Politics and the Growth of Democracy, 1740-1776* (1954), de Theodore Thayer; «*The Revolution Is Now Begun»: The Radical Committees of Philadelphia, 1765-1776* (1978), de Richard Ryerson; *A Factious People: Politics and Society in Colonial New York* (1971), de Patricia Bonomi; *Experiment in Republicanism: New Hampshire Politics and the American Revolution, 1741-1794* (1970), de Jere R. Daniel; *Revolutionary Politics in Massachusetts* (1970), de Richard D. Brown; y *A Spirit of Dissension: Economics, Politics and the Revolution in Maryland* (1973), de Ronald Hoffman. Para estudios de algunos de los principales revolucionarios y fundadores, véanse: *Sam Adams* (1936), de John C. Miller; *Patrick Henry* (1974), de Richard R. Beeman; *Thomas Jefferson and the New Nation* (1970), de Merrill Peterson; *American Sphinx: The Character of Thomas Jefferson* (1997) y *Founding Brothers: The Revolutionary Generation* (2001), ambos de Joseph Ellis; *Benjamin Franklin* (1938), de Carl van Doren; *Tom Paine and Revolutionary America* (1976), de Eric Foner; *Alexander Hamilton: American* (1999), de Richard Brookhiser; *John Adams and the Spirit of Liberty* (1998), de C. Bradley Thompson; *John Adams* (2001), de David McCullough; *George Washington: Man and Monument* (1958), de Marcus Cunliffe; *Washington: The Indispensable Man* (1974), de James Thomas Flexner, y *Cincinnatus: George Washington and the Enlightenment* (1984), de Garry Willis.

El interés moderno en las ideas de la revolución se remonta a los años veinte y treinta con el estudio sobre la ley constitucional y la filosofía de los derechos naturales realizado por Carl Becker, en *The Declaration of Independence* (1922), y por Charles H. McIlwain, en *The American Revolution: A Constitutional Interpretation* (1923), entre otros. Mientras que estos libros hacían hincapié en la teoría política oficial, otros trataban las ideas como propaganda. Véanse: *Propaganda and the American Revolution, 1763-1783* (1941), de Philip Davidson, y *Prelude to Independence: The Newspaper War on Britain, 1764-1776* (1958), de Arthur M. Schlesinger.

En la década de los cincuenta, se prestó una atención importante a la influencia decisiva de las ideas en *Seedtime of the Republic* (1953), de Clinton Rossiter y, en especial, en *The Stamp Act Crisis* (1953), de Edmund S. Morgan y Helen M. Morgan, que se centraba en la cuestión de la soberanía parlamentaria. No obstante, fue solo en los sesenta, con *Ideological Origins of the American Revolution* (1967), de Bernard Bailyn, cuando los historiadores percibieron las ideas revolucionarias como ideología; es decir, como una configuración de ideas que dan sentido y fuerza a los acontecimientos, y empezaron a recuperar las características del mundo de finales del siglo XVIII. El libro de Bailyn se basaba en parte en el redescubrimiento de la tradición radical *whig* hecho en *The Eighteenth-Century Commonwealthmen* (1959), de Caroline Robbins. *Political Representation in England and the Origin of the American Republic* (1966), de J. R. Pole; *The Lamp of Experience: Whig History and the Beginnings of the American Revolution* (1956), de Trevor H. Colbourn, y *Bolingbroke and His Circle* (1968), de Isaac F. Kramnick han contribuido también a una comprensión de los orígenes de la tradición revolucionaria. Para un análisis detallado de las posiciones legales de los norteamericanos durante el debate imperial, véanse los muchos libros de John Phillip Reid. Jack P. Greene, con *Peripheries and Center* (1986), pone en perspectiva los aspectos constitucionales del federalismo.

La reacción de los colonos leales a la Corona se analiza en *The American Tory* (1961), de William H. Nelson, *The Loyalists in Revolutionary America, 1760-1781* (1973), de Robert M. Calhoon, y en *The Ordeal of Thomas Hutchinson* (1974), de Bernad Bailyn. Un relato virulento de las causas de la revolución, hecho por Peter Oliver, leal a la Corona, es *Origin and Progress of the American Rebellion*, editado por Douglass Adais y John A. Schutz (1961).

Sobre las acciones militares de la guerra revolucionaria, el mejor relato breve es *Appeal to Arms* (1951), de Willard M. Wallace. Don Higginbotham, en *The War of American Independence* (1971), y John Shy, en *A People Numerous and Armed: Reflections on the Military Struggle for American Independence* (1976), aprecian de forma óptima el carácter poco convencional y con frecuencia guerrillero de la guerra. El relato más completo de la estrategia británica es *The War for America, 1775-1783* (1964), de Piers Mackesy. Sobre los comandantes en jefe británicos, véanse: *The Howe Brothers and the American Revolution* (1972), de Ira Gruber, y *Portrait of a General: Sir Henry Clinton in the War of Independence* (1964), de William Willcox. Paul H. Smith, en *Loyalists and Redcoats* (1964), describe los esfuerzos británicos para movilizar a los colonos leales a la Corona. Un estudio especialmente imaginativo es *A Revolutionary People at War: The Continental Army and American Character, 1775-1783* (1979), de Charles Royser. Sobre las dificultades norteamericanas en la guerra, véanse dos importantes obras de Richard

Buel, Jr., *Dear Liberty: Connecticut's Mobilization for the Revolutionary War* (1980) y *In Irons: Britain's Naval Supremacy and the American Revolutionary Economy* (1998).

Sobre la diplomacia de la revolución, el relato clásico más antiguo es *The Diplomacy of the American Revolution* (1935), de Samuel Flagg Bemis. Véanse también, *The American Revolution and the French Alliance* (1969), de William C. Stinchcombe, y *A Diplomatic History of the American Revolution* (1985), de Jonathan Dull. *The Peacemakers* (1965), de Richard B. Morris, es un estudio completo de las negociaciones de paz. Para un análisis del tratado modelo y de la nueva actitud de los norteamericanos hacia la diplomacia, véase *To the Farewell Address* (1961), de Felix Gilbert.

Para un resumen de los trabajos de historia que se ocupan de la tradición de republicanismo del siglo XVIII, véase «Toward a Republican Synthesis: The Emergence of an Understanding of Republicanism in American Historiography», *The William and Mary Quarterly,* serie 3.ª, 29 (1972). Entre los estudios que destacan el carácter peculiar de esa tradición están: *The Machiavellian Moment* (1975), de J. G. A. Pocock; *Utopia and Reform in the Enlightenment* (1971), de Franco Venturi; *Alexander Hamilton and the Idea of Republican Government* (1970), de Gerald Stourzh, y *The Creation of the American Republic, 1776-1787* (1969), de Gordon S. Wood. Garry Willis, en *Inventing America: Jefferson's Declaration of Independence* (1978), destaca la importancia de la filosofía escocesa del sentido moral y la sociabilidad natural de las personas en el pensamiento de Jefferson. Véanse también *Sentimental Democracy. The Evolution of America's Romantic Self-Image* (1999), de Andrew Brustein. Pauline Maier, en *American Scripture: Ma-*

king the Declaration of Independence (1997), pone de relieve las aportaciones del Congreso y de otros norteamericanos a la Declaración. Sobre los orígenes de la concepción norteamericana de la relación del individuo con el estado, véase *The Development of American Citizenship, 1608-1870* (1978), de James H. Kettner. Para la influencia de la antigüedad, véase *The Founders and the Classics* (1994), de Carl J. Richard.

El relato más completo de la gestación de las constituciones y la política de los estados es *The American States During and After the Revolution, 1775-1789* (1924), de Allan Nevins. Entre los estudios más significativos sobre los estados están: *Maryland During and After the Revolution* (1943), de Philip A. Crowl; *The Price of Nationhood: The American Revolution in Charles County* (Maryland) (1994), de Jean B. Lee; *Experiment in Independence: New Jersey in the Critical Period, 1781-1789* (1950), de Richard P. McCormick; *Rhode Island and the Union, 1774-1795* (1969), de Irwin H. Polishook; *Western Massachusetts in the Revolution* (1954), de Robert J. Taylor, y *The Democratic Republicans of New York: The Origins, 1763-1797* (1940), de Alfred F. Young. Merrill Jensen, en *The Articles of Confederation... 1774-1781* (1940) destaca los logros de los Artículos. La mejor historia del Congreso Continental es *The Beginnings of National Politics* (1979), de Jack N. Rakove.

El punto de partida para apreciar los cambios sociales de la revolución es el breve ensayo de J. Franklin Jameson, *The American Revolution Considered as a Social Movement* (1926). Para unas valoraciones modernas, véanse: *The Transforming Hand of Revolution* (1995), edición a cargo de Ronald Hoffman y Peter J. Albert. *Men in Rebel-*

lion: Higher Government Leaders and the Coming of the American Revolution (1973), de J. Kirby Martin; *The Upper House of Revolutionary America, 1763-1788* (1967), de Jackson T. Main y, del mismo autor, «Government by the People. The American Revolution and the Democratization of the Legislatures», en *The William and Mary Quarterly,* serie 3.ª, 28 (1966), documentan el desplazamiento de las élites durante la revolución. Chilton Williamson, en *American Suffrage from Property to Democracy, 1760-1860* (1960), describe la expansión de los derechos al voto. Un relato preciso sobre Concord, Massachusetts, en la revolución es *The Minutemen and Their World* (1976), de Robert A. Gross.

Una útil visión de conjunto de la historia social de Norteamérica es *An Unsettled People* (1971), de Rowland Berthoff. Pero no ha sustituido a la enciclopédica *History of American Life Series,* compilada por Arthur M. Schlesinger y Dixon Ryan Fox. El volumen que se ocupa de la época revolucionaria es *The Revolutionary Generation, 1763-1790* (1943), de Evarts B. Greene. Los cambios de la población están resumidos por J. Potter en «The Growth of Population in America, 1700-1860», en *Population in History* (1965), edición a cargo de David Glass y D. E. Eversley.

Para la evolución económica, véanse los capítulos que correspondan en *The Economy of British America, 1607-1789* (1985), de John J. M. McCusker y Russell R. Menard. Sobre los efectos de la revolución en el comercio, véanse: *The Emergence of a National Economy, 1775-1815* (1962), de Curtis P. Nettles; *Business Enterprise in the American Revolutionary Era* (1938), de Robert A. East; *A Vigorous Spirit of Enterprise: Merchants and Economic De-*

velopment in Revolutionary Philadelphia (1986), de Thomas M. Doerflinger; *The Economy of Early America: The Revolutionary Period, 1763-1790* (1988), edición a cargo de John J. McCusker y otros, y *A Union of Interests* (1989), de Cathy Matson y Peter S. Onuf.

Sobre la difícil situación de los colonos leales a la Corona, véanse: *The Good Americans* (1969), de Wallace Brown, y *The British-Americans: The Loyalist Exiles in England, 1774-1789* (1972), de Mary Beth Norton. Sobre los indios, véanse: *The American Revolution in Indian Country* (1995), de Colin G. Calloway, y *The Middle Ground: Indians, Empires and Republics in the Great Lakes Region, 1650-1815* (1991), de Richard White.

Sobre la Ilustración, véanse: *The Enlightenment in America (1976)*, de Henry May y *The American Enlightenment, 1750-1820* (1994), de Robert A. Ferguson. El estudio clásico es *The Cultural Life of the New Nation, 1776-1830* (1960), de Russell B. Nye. Véanse también *A Cultural History of the American Revolution* (1976), de Kenneth Silverman, y *After the Revolution: Profiles of Early American Culture* (1979), de Joseph J. Ellis. Sobre los francmasones, véase el soberbio libro de Steven C. Bullock, *Revolutionary Brotherhood... 1730-1840* (1996). Un estudio especialmente importante sobre la educación es *The Evolution of an Urban School System* (1973), de Carl F. Kaestle. Sobre la formación de la nación norteamericana, véase *In the Midst of Perpetual Fetes... 1776-1820* (1997), de David Waldstreicher. Ruth H. Bloch, en *Visionary Republic: Millennial Themes in American Thought, 1756-1800* (1985), y Nathan O. Hatch, en *The Democratization of Christianity* (1989), iluminan los movimientos milenaristas y evangélicos populares en la revolución.

Sobre las mujeres, véanse *Liberty's Daughters: The Revolutionary Experience of American Women, 1750-1800* (1980), de Mary Beth Norton; *Women of the Republic: Intellect and Ideology in Revolutionary America* (1980), de Linda Kerber y *A Woman's Dilemma: Mercy Otis Warren and the American Revolution* (1995), de Rosalie Zagarri. *The Negro in the American Revolution* (1961), de Benjamin Quarles y *Water from the Rock. Black Resistance in a Revolutionary Age* (1961), de Sylvia Frei, son los mejores estudios sobre la aportación de los negros a la revolución. Sobre la esclavitud y la oposición a ella, véanse *Slave Counterpoint: Black Culture in the Eighteenth Century Chesapeake and Lowcountry* (1998), de Philip Morgan; *Many Thousands Gone* (1998), de Ira Berlin; *White over Black: American Attitudes Toward the Negro, 1550-1812* (1968), de Winthrop Jordan, y *The Problem of Slavery in the Age of Revolution, 1770-1823* (1975), de David Brion Davis. Sobre la abolición de la esclavitud en el Norte, véase *The First Emancipation* (1967), de Arthur Zilversmit.

John Fiske, en *The Critical Period of American History* (1888), popularizó la visión federalista de la Confederación para el siglo XIX. Merrill Jensen, en *The New Nation* (1950), minimiza la crisis de los años ochenta y explica el movimiento a favor de la Constitución como trabajo de una minoría pequeña, pero dinámica. *Robert Morris, Revolutionary Financier* (1954), de Clarence L. Ver Steeg, es el principal estudio de esa importante figura.

Forrest McDonald, en *E Pluribus Unum. The Formation of the American Republic, 1776-1790* (1965), describe las pugnas comerciales de los norteamericanos en los años ochenta. El mejor informe del ejército y de la conspiración de Newburgh es *Eagle and Sword. The Federalists*

and the Creation of the Military Establishment in America,
1783-1802 (1975), de Richard H. Kohn. Frederick W.
Marks III, en *Independence of Trial* (1973), analiza los problemas exteriores que contribuyeron a la gestación de la
Constitución. El mejor estudio breve del período de la Confederación sigue siendo *The Confederation and the Constitution, 1783-1789* (1905), de Andrew C. McLaughlin. Pero
véanse también *The Forging of the Union, 1781-1789* (1987),
de Richard B. Morris, y *The New Nation* (1950), de Merrill Jensen.

Charles Beard, en su libro *An Economic Interpretation of
the Constitution* (1913) trataba de explicar la Constitución
como algo distinto a la consecuencia de un idealismo al-
truista. Se convirtió en el libro de historia más influyente
nunca escrito en Estados Unidos. Beard entendía los for-
cejeos respecto a la Constitución como «un conflicto de
profundas raíces entre una parte popular basada en el papel moneda y en los intereses agrarios y otra parte centra-
da en las ciudades y, generalmente, apoyada en los intereses financieros, mercantiles y de la propiedad personal».
Aunque la prueba particular de Beard para defender su
tesis —que los fundadores poseían valores federales que
esperaban que se apreciarían en valor bajo un nuevo gobierno nacional— ha quedado demolida, especialmente
por Forrest McDonald, en *We the People* (1958), su interpretación general de los orígenes de la Constitución sigue teniendo mucho peso. Jackson T. Main, en *Political
Parties Before the Constitution* (1974), plantea que hay una
división «cosmopolita»-«localista» dentro de los estados
respecto a la Constitución. Gordon S. Wood, en *The
Creation of the American Republic, 1776-1787* (1969), ana-
lizando las ideas, descubre una división similar, pero no

estrictamente hablando de «clase», respecto a la Constitución.

La mejor historia de la Convención sigue siendo la de Max Farrand, *The Framing of the Constitution of the United States* (1913), que ve la Constitución como un «paquete de compromisos» destinado a responder a unos defectos específicos de los Artículos. Para una breve y autorizada biografía del «Padre de la Constitución», véase *James Madison and the Creation of the American Republic* (1991), de Jack N. Rakove. *Original Meanings* (1996), también de Rakove, es esencial para cualquier interesado en saber qué significó la Constitución para los fundadores.

The Records of the Federal Convention of 1787 (4 vols., 1911, 1937), edición a cargo de Max Farrand, y *The Documentary History of the Ratification of the Constitution* (1976-), a cargo de Merrill Jensen y otros, son recopilaciones de los documentos más importantes. *The Federalist* (1961), a cargo de Jacob Cooke, es la mejor edición de estos documentos. *The Antifederalists... 1781-1788* (1961), de Jackson T. Main, y *The Other Founders: Anti-Federalism and the Dissenting Tradition in America, 1788-1828* (1999), de Saul Cornell, son estudios comprensivos sobre los antifederalistas. Véase también *The Birth of the Bill of Rights, 1776-1791* (1955), de Robert A. Rutland. Los escritos de los fundadores –Jefferson, Franklin, Hamilton, John Adams, Madison, Washington y otros– ya han sido publicados o lo están siendo actualmente en gigantescas ediciones eruditas.

Índice alfabético

Adams, John, 26, 93, 146
  diplomacia internacional y, 130, 154-155, 203, 209
  en el Congreso Continental, 81, 101
  figura clave, 86
  sobre la Fiesta del Té en Boston, 69-70
  sobre la naturaleza de la independencia, 107
  sobre la soberanía parlamentaria, 78
  y Washington, 115
Adams, Samuel, 178, 199, 209
  afroamericanos y la igualdad, 146-147
  capacidad moral, 148-149
  como activista en Massachusetts, 63, 68, 88
  en el Congreso Continental, 81, 101
  y el republicanismo, 137, 166
  y religión, 184-185
agricultura, 39, 41-42, 56, 159, 204
Alamance, batalla de, 37
ambientalismo, 148
American Board of Customs (Junta de Aduanas Norteamericana), 61
American Museum, 166
Amherst, lord Jeffrey, 45
amigos universales, 183-184
anglicana, Iglesia (de Inglaterra), 180, 182
antifederalistas, 214-225
Antillas
  antiguos esclavos en las, 158
  comercio con, 56, 159
  posesiones británicas en las, 124
aristocracia natural, 145
Arnold, Benedict, 90, 123-124
arquitectura neoclásica, 142-143

artes y ciencias, 139-144, 171
Artículos de la Confederación, 108-113
  Congreso Continental, 109
  debilidades, 189, 198, 204, 207
  disposiciones, 109-110
  enmiendas, 200, 205, 214
  gobierno central frente a soberanía estatal, 108-111, 189, 206
  nacionalistas, 199-200
  propósitos, 109
  ratificación, 110-112, 197
  véase también Congreso de la Confederación
  y nueva Constitución, 206, 214-217
Asociación Continental, 82

Banco de Inglaterra, 95
Banco de Norteamérica, 200
baptistas, 180, 183-185
Barlow, Joel, 140, 142, 144
Barrington, lord, 65
Berkeley, obispo, 141
Bernard, Francis, 64-65
bibliotecas, 171-172
Bill of Rights (Declaración de Derechos Fundamentales. Las Diez Primeras Enmiendas a la Constitución), 222-223
Blackstone, William, 136
Boone, Daniel, 31
Boston
  cierre del puerto, 70
  evacuación, 115
  familias de la élite, 159
  Junta de Aduanas, 61
  luchas, 27-88
  resistencia a los británicos, 63-66, 69-70

reuniones de la ciudad, 68-69
tropas británicas, 64
Boston, Fiesta del Té en (1773), 70
Bowdoin, James, 159
Bryan, Andrew, 184
Bunker Hill, batalla de, 88-89, 115
Burgoyne, John, general, 88, 121-123
Burke, Edmund, 45, 48, 73, 93
Bute, lord (John Stuart), 46-47
Byrd, William, 147

Campbell, Thomas, 182
Canadá
    antiguos esclavos en, 158
    emigración de colonos leales a la
        Corona hacia, 157
    enfrentamientos armados en, 89-90,
        115
    frontera con, 131
    y Francia, 126
capacidad moral, 144-152
Carlos I, rey de Inglaterra, 134
Carolina del Norte
    agricultura en, 39
    colonización de, 31-32
    corrupción en, 37
    levantamientos de los colonos, 36
    revolución en, 127-128
Carolina del Sur
    guerra cherokee en, 35
    política local, 84-85
    revolución en, 127-128
Chatham, lord, véase Pitt, William
cherokee, guerra (1759-1761), 35
ciencias sociales, nacimiento de las,
    150
científicas, organizaciones, 171
Cincinnatus, líder de la Roma repu-
    blicana, 166
Clark, George Rogers, 164
Clinton, sir Henry, 124, 127, 129
código penal, reforma del, 172
Coercitivas, leyes (1774), 70, 79, 81,
    87
colonias, véase Norteamérica
comercio internacional y paz, 153-
    156
comités de correspondencia, 68
commonwealth, significado de, 137

Compañía de las Indias Orientales,
    69
comunicación, 40
Concord, enfrentamientos armados
    en, 88, 114
congregacional, Iglesia, 180, 182-183
Congreso Continental
    Primero (1774), 78, 81, 176
    Segundo (1775), 87, 89-91, 101,
        108-110, 115, 154
Congreso de Estados Unidos
    bicameral, 218
    poderes del, 211-212, 214
Congreso de la Confederación, 110-
    113, 198-204
    asuntos internacionales, 201-204
    Ejército continental, 198, 200
    nacionalistas, 199-200
    nativos norteamericanos, 163-165
    nueva Constitución, 205, 223
    y la economía nacional, 200-201
Connecticut, 180
Constitución de Estados Unidos, 189
    como ley suprema, 215-216
    Compromiso de Connecticut, 213
    Convención para su redacción,
        205-214
    debate federalista-antifederalista, 214-
        225
    elementos elitistas de la, 221
    enmiendas a la, 222
    fuerza de la, 223
    plan de New Jersey, 210-214
    plan de Virginia, 209-214
    ratificación, 214-215, 217-218,
        222-223
    y la esclavitud, 176-177
constituciones
    como ley fundamental, 196-197,
        218
    convenciones y, 197
    de Gran Bretaña, 94-96, 195
    escritas, 217
    estatales, 101-108, 170, 195-196
    uso del término, 102
contribución sin representación, 64
convenciones, uso de, 196-197, 201,
    217
Conway, Thomas, 126

Cornwallis, lord Charles, 128
cristiandad evangélica, 182-186
Cromwell, Oliver, 138
cronología, 13-16
cuáqueros, 176

David, Jacques-Louis, 150
Juramento de los Horacios (David), 150
Declaración de Independencia (1776),
    86-92, 101
  aprobación de la, 91
  atractivo universal de la, 79, 92
  estados particulares, 108-109
  expresión de los ideales de la Ilus-
    tración en la, 92, 147
  producto del Congreso Continen-
    tal, 91, 108
  y la trata de esclavos, 92
*Declaration of the Causes and Necessities
  of Taking Up Arms* (Declaración
  de las causas y necesidades de tomar las armas) (1775), 87
*Declarations and Resolves of the First
  Continental Congress* (Declaraciones y resoluciones del Primer
  Congreso Continental) (1774),
  78
Declaratory Act (ley Declaratoria) (1766),
  76-77
democracia
  fe cívica, 225
  pura, 219
  uso del término, 106
democracias representativas, 219
derechos humanos en la Declaración
  de Independencia, 92
Dickinson, John, 62, 75, 87, 221
  Letters from a Farmer in Pennsylvania
    (Dickinson), 62, 75
Dos Peniques, leyes de los (1755-
  1758), 42-43
Drayton, William Henry, 84
Dulany, David, 84
  *Considerations on the Propriety of Im-
    posing Taxes*, 73
Dunmore, lord, 35
Dwight, Timothy, 144

educación, 140, 147, 171, 174

Ejército Continental, 89, 115-117,
  121, 160, 198, 200-201
esclavitud, 91-92, 174-178
esclavo, como tres quintas partes de
  una persona, 112
esclavos
  liberación de, 158, 176
  y religión, 184
España, 124, 130, 131, 202, 203
Essay Concerning Human Understanding
  (Locke), 147-148
estados
  artículos de la Confederación y los,
    108-111, 189, 206
  cartas coloniales de los, 103
  comités de correspondencia en los,
    68
  como repúblicas, 135-139
  constituciones de los, 101-108, 170,
    195-196
  Declaración de Independencia y
    los, 108-109
  espíritu localista, 192-193, 202
  gobernadores de los, 103-104, 194,
    196
  gobiernos de los, 102
  intereses particulares de los, 111,
    165, 191, 206
  lealtades a los, 108-109
  legislaturas bicamerales en los, 107-
    108, 196
  poder judicial, 196-197, 219
  poder legislativo, 105-108, 190,
    197, 206-207, 214
  poderes de los, 110-111, 189, 205-
    206
  ratificación de la Constitución,
    214, 217, 222-223
  rivalidades entre, 109, 112, 203, 206
  soberanía, 205, 211, 215
  traslado de capitales, 191
  unión de, 109-110
  vínculos de los, 201
Estados Unidos de América
  aislamiento de, 153, 203
  Artículos de la Confederación, 108-
    113, 189, 198, 206
  comercio europeo con, 159, 201-
    202

como puerto franco, 154-156
desarrollo comercial, 162, 198, 203-204, 206, 211
deuda de, 161, 198-202, 211
diferencias en la riqueza en, 167-168
energías económicas, 162
fronteras de, 131, 202
gloria ascendente de, 139-144
gobierno central, 108-113, 165, 198-199, 205-207, 214-215, 223
impuestos en, 200, 205, 211
inconquistables, 117-118, 122-123
inflación en, 161, 198
integridad territorial de, 202-203
poder ejecutivo de, 212
poder judicial, 212
poder legislativo, 211-212
significado literal, 110-111
Estuardo, dinastía de los, 46, 95
Europa
comercio de Estados Unidos con, 159, 201-202
cristiandad evangélica, 182-185
diferencias de Norteamérica con, 26, 94, 98
liga de Neutralidad Armada en, 124
monarquías en, 98, 134, 136, 154
tratados comerciales con, 156, 204

familia, estructura de la, 173-174
Fauquier, Francis, 147
federalismo, idea del, 218
Federalist Papers, The, 220
federalistas, 213-225
Filadelfia
Congreso Continental en, 81
Convención Constitucional de, 205-214
enfrentamientos armados en, 121
retirada de, 124, 125
Findley, William, 224
Florida
colonias británicas en, 50
colonia española, 131
Francia
ayuda militar de, 117, 123, 126, 129, 161

guerra de los Siete Años, 123
libre comercio con, 155
negociaciones de paz con, 131, 154
y Canadá, 126
y Gran Bretaña, 114, 123-124, 130
Franklin, Benjamin
autobiografía, 39, 168
diplomacia internacional, 123, 130, 155, 203
especulación de tierras de, 33
sobre el imperio británico, 29, 44
y Correos, 40
y la incursión Paxton, 37

Gage, Thomas, general, 70, 87, 115
Galloway, Joseph, 81-82
Gardoqui, Diego de, embajador en Estados Unidos, 203
Gates, Horatio, general, 122, 126-127
Georgia
política local en, 85
revolución en, 127
Germain, lord George, 119
Gibraltar, 124, 131
gobierno y sociedad, 216-222
Gordon, Thomas, 94, 134
Gran Bretaña
aislamiento de, 114, 124
autoridad parlamentaria en, 58, 60, 68-78, 106
colonias en Norteamérica, 27-37
comercio con, 38-41, 51-53, 56, 59, 86, 159
Commonwealth de, 134
Constitución de, 93-96, 195
derechos de voto en, 72
deudas coloniales a, 41
disturbios en, 49
ejército permanente, 35, 45, 61-62, 65, 69-70, 161
emigración de colonos leales, 157
gobierno mixto de, 106
imperio de, 27-29, 44-53, 75, 218
impuestos, 45, 52-53, 56-67, 71
integridad territorial de Estados Unidos, 202-203
la Corona como centro de poder, 105
liberales de Rockingham, 59

movimientos reformistas, 49-53, 55, 97
objetivos militares de, 118-119, 121, 125
paz separada en, 131, 200
población de, 29
preparativos militares, 86-90
reacción a la resistencia, 59-62, 65-66
revolución industrial, 38
ventaja militar de, 116-117
whigs frente a *tories* en, 94
y Francia, 114, 123-124, 130
Grasse, François-Joseph-Paul de, almirante, 129
Greene, Nathanael, 128
Grenville, George, 47, 53, 59
guerra
abolición de la, 153, 155
efectos de la, 157-162
sanciones económicas, 156
guerra Francesa e India, *véase* Guerra de los Siete Años

Hamilton, Alexander, 146, 151-152, 199, 201, 220, 221
Hancock, John, 64, 88
Harrington, James, 134
Henry, Patrick, 43, 57, 81, 177, 209, 212
Hijas de la Libertad, 63
Hijos de la Libertad, 59, 66, 83
Hillsborough, lord, 64-65, 67
Hopkins, Samuel, 182
Howe, Richard, lord, 119
Howe, sir William, 88, 115-116, 119-121, 124
Hume, David, 140, 149, 219
Hutchinson, Thomas, 69, 77

Iglesia de Inglaterra, 180, 182
Iglesia universalista, 183-184
igualdad
ambientalismo y la, 148
de la élite respecto a los estratos bajos, 146-147
de los sexos, 146, 173-174, 184
en artes y ciencias, 144
grupos de interés, 224-225

ideales de la Ilustración de la, 144-152
leyes de la herencia y la, 173
nativos norteamericanos, 146-147, 164-165
y la capacidad moral, 144-152
y religión, 181-182
y republicanismo, 144-152, 166
Ilustración
armonía nacional, 152
capacidad moral, 144-152
ideales de la, 93-99
igualdad, 144-152
nuevo orden mundial, 153-156
religión y, 181-182
virtud, 133-139, 151, 170
Imperio, nueva idea del, 113
independencia
aproximación a la, 79-86
como meta de la revolución, 102, 118, 130
confianza en la, 140
declaración de, 86-92
esperanzas visionarias, 133-134, 137
guerra de la, 114-131
y constituciones de los estados, 101-108
y el gobierno central, 110
y propiedad de tierras, 163
véase también Revolución
indios, *véase* nativos norteamericanos
industria manufacturera, 40, 160-161, 204
Inglaterra, *véase* Gran Bretaña
Irlanda, conflictos políticos en, 98

Jay, John, 101, 130, 203, 210, 220
Jefferson, Thomas
comercio en el nuevo orden mundial, 154, 156
como presidente, 223
Declaración de Independencia por, 91, 147
diplomacia internacional de, 156, 204, 209
en el Congreso Continental, 87
ideales de la Ilustración de, 145-146, 148, 151, 154, 156, 182
revisión de los códigos penales, 172

sobre la esclavitud, 91, 177
sobre la igualdad, 181, 190
sobre la soberanía parlamentaria, 78
sobre las acciones británicas, 97, 129
sobre las metas de la revolución, 102, 194
y la arquitectura, 143
y la religión, 180-182
y los gobiernos de los estados, 195, 206
Notes on the State of Virginia, 137, 194
Jorge III, rey de Inglaterra, 46-49, 86, 89-91

Kant, Immanuel, 149
Kentucky, 162, 203
Knox, William, 76

Lafayette, marqués de, 126, 129
Laurens, Henry, 66, 177
Lee, Arthur, 199
Lee, Charles, general, 125
Lee, madre Ann, 184
Lee, Richard Henry, 81, 101, 106, 199, 209, 214, 222
Lexington, conflicto armado en, 88, 114
ley de Acuartelamiento (1765), 61
ley de la Moneda (1764), 55
ley de las Melazas (1733), 52
ley del Azúcar, (1764), 51-52, 56, 60
Ley para establecer la libertad religiosa (1786), 180
leyes
    acción de las bandas de rebeldes, 206, 216
    fundamentales frente a ordinarias, 196-197, 218
leyes de la herencia, 173
leyes de navegación, 68
Liga de Neutralidad Armada, 124
Lincoln, Benjamin, general, 127
Livingston, William, 191
Locke, John, 94, 147
Luis XIV, rey de Francia, 123

Madison, James, 170, 197

en el Congreso de la Confederación, 199, 204
Federalist Papers de, 220
sobre el comercio internacional, 155
sobre la legislaturas de los estados, 192, 194, 206
y la Constitución de Estados Unidos, 205, 208-210, 213, 219-221
mapas
    asentamientos coloniales (1760), 17
    campañas en el Norte (1775-1776), 18
    campañas en el Norte (1777), 19
    campañas en Yorktown y en el Sur (1778-1781), 20
Maquiavelo, Nicolás, 134
Marion, Francis, 127
Maryland
    agricultura en, 39, 41
    gobierno local en, 83
    incursiones indias en, 35
Mason, George, 209, 222
Massachusetts
    Constitución de, 170, 195
    enfrentamientos armados en, 87-88, 114
    industria manufacturera en, 40
    rebelión de Shays, 206-207
    religión en, 180
    resistencia a los británicos, 58, 64-66, 68-70
    resoluciones del condado de Suffolk, 81
    transferencia de autoridad en, 80
    véase también Boston
Massachusetts Humane Society, 172
Matanza de Boston (1770), 65
Mayhew, Jonathan, 150
mercenarios alemanes, 116, 120-121
metodistas, 183, 185, 186
Milton, John, 134
Mississippi, cierre del río, 203
Monmouth, batalla de, 125
Montesquieu, Charles-Louis de Secondat, barón de la Brède y de, 105, 138
Montgomery, Richard, 90
Morgan, Daniel, 128

Morris, Gouverneur, 209
Morris, Robert, 161, 195, 199
mujeres, igualdad de derechos de las, 146, 173-174, 184
Murray, Judith Sargent, 174

nacionalistas, 199, 210-214
nativos norteamericanos
    como naciones extranjeras, 164
    en la revolución, 121, 163
    en la zona de los Apalaches, 50
    guerra de los Siete Años, 33-35
    igualdad y, 147-148, 164-165
    presiones sobre los, 33-34, 163-165
    represalias de, 35-36
    tratados con los, 165
naturaleza humana, 149-150
neoclasicismo, 142-143
New Jersey, Plan de, 211-214
Newcastle, duque de, 47
Noroeste, Ordenanza del (1787), 112-113, 163
Noroeste, Territorio del, 112, 177
Norte, campañas en el
    mapa (1775-1776), 18
    mapa (1777), 19
Norteamérica
    boicot de mercancías británicas, 57, 59, 62
    colonias británicas en, 27-37
    comercio en, 38-41, 51-53
    crecimiento de la población, 29-31
    expansión económica, 37-44
    guerra de los Siete Años en, 27, 33-36, 44-45
    impuestos, 45, 52-53, 55-57, 60-67, 80
    inmigración, 30
    legislación británica, 51-53
    movimiento de la población, 29-37
    política local radical, 58-59, 83-86
    preparativos militares, 86-90
    transferencia de autoridad, 80-84
North, lord Frederick, 49, 67, 69-70, 86, 119
Nueva Escocia
    colonia británica, 50
    tribunales del Almirantazgo, 61
Nueva Inglaterra

    movimiento de la población en, 32
    véase también, Norteamérica
Nueva York
    enfrentamientos armados en, 115, 119, 121
    facciones políticas en, 83
    representación en, 107
nuevo orden mundial, 153-156

occidental, hemisferio
    colonias británicas, 28-29
    colonias españolas, 130-131
    comercio en, 159-160
    pueblos nativos del, 34
Oliver, Andrew, 58
ordenanza del Noroeste, 113, 163
    cambios en liderazgo, 199
    debilidades, 165, 189, 198, 201, 204
    sedes del, 201
Otis, James, 74, 176

Paine, Thomas, 90, 99, 120, 144, 151, 152, 154, 160-161
    Common Sense (El sentido común), 90, 99
Paoli, Pascal, 98
Parson, Causa, 43, 57
partidos políticos, 224
paternalismo tradicional, 41, 168, 173-174
Paterson, William, 211
patriotas, significado del término, 137
Paxton boys, rebelión de los, 36
paz
    búsqueda de la, 153
    desde el comercio internacional, 153, 154-156
Pensilvania
    colonización, 31
    Constitución de, 104
    enfrentamientos armados en, 121
    gobierno local, 83
    incursiones indias en, 35
    rebelión de los Paxton boys, 36
    valle del Forge, 125
Petición de la Rama de Olivo (1775), 87, 89
piratas de Berbería, 202

Pitt, William, 44, 47-48
población
  crecimiento de la, 29, 30-31, 162, 165, 207
  distritos electorales y, 74, 106
  mapa de, 17
  movimiento de, 29-37, 159, 162-163, 165-166
  véase también, pueblo
política
  autoridad parlamentaria en, 58, 60, 68-78, 103, 105
  carácter cambiante, 223
  comités de correspondencia, 68
  conflictos locales, 84, 193
  corrupción, 95-96, 135, 153
  cuestionamiento de la autoridad, 157
  cultura norteamericana, 216-217
  distritos electorales, 74, 106
  electoralismo, 192, 224
  grupos de interés, 224
  instrucciones a los representantes, 106
  leales en, 86, 119-121, 125, 127, 136, 157-158, 192
  liderazgo, 199, 220
  nacionalistas en, 199-200, 210-214
  origen rural, 95-98, 134
  participación local en, 51, 59-62, 79-83, 103, 136
  patronazgo en, 85, 137
  poder distante en, 37, 55
  poder ejecutivo, 95-96, 103
  populismo en, 85, 137, 221
  pueblo común, 84, 91, 104, 137
  religión y, 180
  separación de poderes, 105
  transferencia de autoridad en, 81-84
Pontiac, jefe indio, 35, 50
Pope, Alexander, 94-95
populismo, 85, 137, 221
prensa, libertad de, 96, 98, 172
presbiterianos, 180, 182-183
presidente
  elección del, 212
  poderes del, 212-214
primogenitura, leyes de, 173

Princeton, batalla de, 120
Proclamación de 1763, 50
propiedades
  confiscación de, 158, 192
  posesión de, 137-138
  véase también tierras
protestantismo, 178-187
Prusia, 156
pueblo
  afecto natural, 154, 190
  capacidad moral del, 144-152
  como empleados, 167-169
  común, 146
  cuerpos al margen de la ley, 217
  educación del, 140, 147, 171, 174
  gobierno del, 105-106, 191
  hombre hecho a sí mismo, 168
  igualdad, *véase,* igualdad
  marcas de autoridad social, 167
  número, *véase,* población
  participación política, *véase* política
  soberanía del, 216-222
puritanos, 95, 178, 182

Quebec, colonia británica de, 50
Quebec, ley de (1774), 51

Ramsay, David, 140, 144
Randolph, Edmund, 93, 209
regulators, 36-37
religión
  creencias populares y, 185
  emoción y, 185-186
  libertad de, 42, 96, 179-182
  nuevas sectas, 182-186
  papel de las mujeres, 184
  papel del gobierno, 179-181
  puritanos, 95, 178, 182
  técnicas evangelistas renovadoras, 186
  y el nuevo orden mundial, 178-187
  y magia, 181-182
Renacimiento, ideales del, 134
representación
  elecciones como único criterio de, 219
  elecciones incidentales, 73, 107-108
  igualitaria, 96, 107, 111
  injusta, 37

ninguna contribución sin, 64
proporcional, 111-112, 207, 213
real, 74, 84, 98, 106, 216, 224-225
virtual, 73
republicanismo
  basado en la ciudadanía de agricul-
    tores, 204
  esperanzas visionarias, 133, 153-156
  ideales clásicos, 123-139, 170, 224
  igualdad, 144-152, 166-167
  período crítico, 190-204
  reformas, 169-174, 222
  y capacidad moral, 145-152
republicanos de Jefferson, 156, 223
Resoluciones del condado de Suffolk,
    81
Revere, Paul, 65, 88
revisión judicial, 197-198
revolución, 114-131
  acontecimientos que condujeron a
    ella, 79-86
  atractivo universal de la, 92
  campañas del Norte, 18, 19
  campañas del Sur, 20, 126-129
  costes de la, 129-130, 198
  efectos de la, 157-169
  Ejército Continental, 89, 115-117,
    121, 160
  ideales de la Ilustración, 93-99, 133-
    139
  milicias en la, 118, 121-122, 127,
    160
  negociaciones de paz, 130-131,
    200
  objetivos de la, 102, 118, 130, 194
  orígenes, 25-53
revolución industrial, 38
Rhode Island
  leyes de navegación, 68
  y la nueva constitución, 208
riqueza, diferencias en la, 167
Rochambeau, conde de, 129
Rockingham, liberales de, 59
Rollin, Charles, 134
Roma, decadencia de, 134
Rush, Benjamin, 169
Rusia, 124

Salustio, escritos de, 134

Saratoga, batalla de, 122-123
Shaftesbury, conde de, 150
shakers, 183, 186
Sharpe, Horatio, gobernador de Mary-
    land, 60
shawnees, ataque contra los, 35
Shays, Daniel, rebelión de, 206
Sidney, Algernon, 134
Siete Años, guerra de los
  deuda de la, 44-45
  Francia y, 123
  Gran Bretaña y, 27, 44
  indios y la, 33-35
  Paz de París, 27, 44, 155
Smith, Adam, 150
Smith, Samuel Stanhope, 170
Smith, William, Jr., 53
soberanía
  de los estados, 205, 211, 215
  del Parlamento, 58, 60, 68-78, 103,
    105
  del pueblo, 216-222
  lógica de la, 215, 218
sociedad
  armonía nacional de la, 152
  cambios en la, 26
  gobierno y, 216-222
Sociedad de los Cincinnati, 166
sociedades caritativas, 172
sociedades médicas, 171
St. Leger, Barry, teniente coronel, 121
Stark, John, 122
Steuben, barón Von, 125
Stiles, Ezra, 33, 141, 191
Suecia, 156
Sumter, Thomas, 127
Sur
  efectos de la guerra en el, 158-159
  pueblos nativos en el, 34
  representación proporcional, 207-
    208
  trata de esclavos, 177-178
Sur, campañas en el
  mapa (1778-1781) de, 20
  planes para, 124-128
Swift, Jonathan, 95

Tácito, escritos de, 134
Tarleton, Banastre, coronel, 127-128

té, impuesto sobre el, 67, 69-70
Té, ley del (1773), 69
Tennessee, colonos en, 202-203
Ticonderoga, fuerte, 89, 121-122
tierras
    confiscación de, 158, 192
    disputas sobre derechos de, 33
    especulación de, 33-34, 51, 158
    movimientos de población y, 32-33
    ordenanzas de, 113, 165
    propiedad de las, 137-138, 163
Timbre, Congreso de la Ley del, 58-59, 71, 75
Timbre, ley del (1765), 53
    resistencia a la, 57-59, 62, 70-78
    revocación de la, 59
    tiranía basada en la ignorancia, 170
Townshend, Charles, ministro de Hacienda, 48, 60
Townshend, leyes (1767), 60-67
transporte, 40, 160
Trenchard, John, 94
Trenton, batalla de, 120
Trumbull, John, 142

verdad, democratización de la, 181
vinculación, leyes de, 173
Virginia
    agricultura en, 39, 41
    ataque contra los Shawnees en, 35
    capitolio del estado, 143
    colonización en, 31
    comités de correspondencia, 68
    esclavitud en, 92
    leyes de los Dos Peniques de, 42

libertad religiosa en, 179-180
resistencia a los impuestos británicos, 57-58
revolución en, 128-129
transferencia de autoridad, 80
Virginia, Plan de, 209-214
virtud, 133-139, 150-151, 170, 190
voto, derechos al, 72, 85, 96, 106, 174, 192

Wadsworth, Jeremiah, 161
Walpole, sir Robert, 95
Washington, D. C., 142
Washington, George, 143, 146
    Convención Constitucional y, 208-209
    y el Ejército Continental, 89, 115-116, 208
    especulación de tierras y, 51
    rasgos personales de, 126, 145
    religión y, 179
    retirada de, 208-209
    y la revolución, 118-120
    sociedad de los Cincinnati, 166
Webster, Noah, 142, 171
Wilkes, John, 49, 73, 98
Wilkinson, Jemima, 184
Wilson, James, 149, 195, 209, 211, 213
Witherspoon, John, 150
Wythe, George, 197

Yorktown
    mapa de, 20
    rendición de, 129, 200